职业技术教育高技能型人才培养"十三五"规划教材

应用文写作教程

主 编 韩剑南 杨怡

西南交通大学出版社
·成 都·

图书在版编目（CIP）数据

应用文写作教程／韩剑南，杨怡主编．—成都：
西南交通大学出版社，2017.2（2020.7 重印）
职业技术教育高技能型人才培养"十三五"规划教材
ISBN 978-7-5643-5274-5

Ⅰ.①应… Ⅱ.①韩… ②杨… Ⅲ.①汉语－应用文
－写作－高等职业教育－教材 Ⅳ.①H152.3

中国版本图书馆 CIP 数据核字（2017）第 025817 号

职业技术教育高技能型人才培养"十三五"规划教材
应用文写作教程
主编　韩剑南　杨　怡

责 任 编 辑	吴　迪
特 邀 编 辑	刘　蔓
封 面 设 计	严春艳
出 版 发 行	西南交通大学出版社 （四川省成都市金牛区二环路北一段 111 号 西南交通大学创新大厦 21 楼）
发 行 部 电 话	028-87600564　028-87600533
邮 政 编 码	610031
网　　　　址	http://www.xnjdcbs.com
印　　　　刷	四川煤田地质制图印刷厂
成 品 尺 寸	170 mm×230 mm
印　　　　张	14
字　　　　数	251 千
版　　　　次	2017 年 2 月第 1 版
印　　　　次	2019 年 7 月第 4 次
书　　　　号	ISBN 978-7-5643-5274-5
定　　　　价	32.00 元

课件咨询电话：028-81435775
图书如有印装质量问题　本社负责退换
版权所有　盗版必究　举报电话：028-87600562

前　言

正如叶圣陶先生所说的："大学毕业生不一定能写小说诗歌，但是一定要能写工作和学习中实用的文章，而且非写得既通顺又扎实不可。"所以，应用文写作可以说是高等院校学生必备的一项职业技能。

作为一门公共课，"应用文写作"所承担的任务不仅仅是培养学生的应用文写作能力，同时也着眼于促进学生从校园到职场思维的转变，目的在于全面提高学生的综合素养。因此，本教材的编写，注重以"工学结合"为指导，以"任务驱动"为理念，努力调动学生的学习积极性和创造性，加强思维引导与实训指导，使学生在掌握应用写作技能的同时，增强解决问题的能力，为将来的职场生涯打下坚实的基础。

总的来说，本书具有以下几个特点：

第一，在内容安排上，所编入的文种全部是学生在学校和职场最常用的文种，充分体现了面向职业、面向就业的特点。

第二，在整体框架上，注重从学生实际出发，先从学生熟悉的文种入手，由简到难，掌握应用文写作的规律和方法，促进学生职场思维的转变。

第三，在具体章节编排上，采取项目导向的模式，先提出问题、布置任务，再逐步引导学生分析问题、解决问题，目标明确，操作性强，有利于学生写作思维的养成。

第四，在具体文种上，重视学生实践环节，从任务安排到内容讲解，再到课后练习，都十分重视实践，便于学生较快掌握具体文种的写作方法。

第五，在体例设计上，便于教师综合运用探究式教学、启发式教学、讨论式教学、情景式教学等教学方法，突出教学过程中学生的主体地位，调动学习的自主性，解决学生主体地位欠缺、自主性学习不足等问题。

本书由成都纺织高等专科学校韩剑南、杨怡担任主编，史在宏、赵修翠、唐映经、宋悦晗、张明丽、闫桂萍等老师担任副主编。具体章节编写情况如下：第一章由赵修翠老师负责编写；第二章由杨怡、宋悦晗老师负责编写；第三章由韩剑南、杨怡老师负责编写；第四章由闫桂萍、韩剑南、杨怡老师负责编写；第五章由张明丽老师负责编写；第六章由史在宏、闫桂萍老师负责编写；附录由唐映经老师负责编写。全书特请唐志伟教授担任主审。

  在本教材的编写过程中，参考了国内外相关教材、资料，在此衷心向各位专家表示诚挚的谢意。同时感谢所有为本书出版辛勤付出的教师和出版社朋友。由于编写时间仓促，书中难免有不足之处，敬请专家、读者批评指正，以兹完善!

2016 年 10 月

目 录

第一章 应用文写作基础知识 ... 1
第一节 应用文概述 ... 1
第二节 应用文写作的基本要素 ... 5
第三节 应用文写作的审查与修改 ... 13

第二章 大学生实用文书 ... 16
第一节 竞聘辞 ... 16
第二节 学术论文 ... 19
第三节 实习报告 ... 27
第四节 求职信 ... 35
第五节 劳动合同 ... 40

第三章 党政机关公文 ... 48
第一节 党政机关公文概述 ... 48
第二节 通知 ... 61
第三节 决定 ... 69
第四节 通告 ... 75
第五节 通报 ... 81
第六节 报告 ... 86
第七节 请示 ... 94
第八节 批复 ... 98
第九节 意见 ... 102
第十节 函 ... 109
第十一节 纪要 ... 114

第四章　事务类文书 … 122
第一节　常用事务文书概述 … 122
第二节　计划 … 124
第三节　总结 … 130
第四节　调查报告 … 135
第五节　策划书 … 142

第五章　礼仪信函类文书 … 150
第一节　介绍信 … 150
第二节　证明信 … 154
第三节　请柬 … 158
第四节　申请书 … 161
第五节　迎送词 … 167

第六章　传播类文书 … 172
第一节　传播类文书概述 … 172
第二节　消息 … 175
第三节　通讯 … 183
第四节　简报 … 191
第五节　海报 … 196
第六节　倡议书 … 200

附录1　公文常用特定用语简表 … 207

附录2　党政机关公文处理工作条例 … 209

参考文献 … 217

第一章　应用文写作基础知识

【本章导读】

应用文的使用范围非常广泛，大到国家领导人发布的命令、指示，小到私人之间的借据、收条，都属于应用文的范畴。因此，认识和了解应用文的写作对于日常的工作、交流非常必要。本章将针对应用文的基础知识、基本要素，应用文的审查和修改等问题进行讲解。

第一节　应用文概述

一、应用文的含义

应用文，是国家机关、企事业单位、社会团体以及个人在处理公私事务、传递信息、解决问题、实行管理时使用的具有特定格式的一类文体的总称，是一切社会组织和个人进行社会活动和处理个人事务时必不可少的工具。写作，是将思维和语言文字联结在一起的精神劳动，其成果是文章，其目的在于传递信息、交流思想。应用文写作，对于研究者来说，是以应用文的文体及其写作活动为研究对象来探讨应用文写作规律的实用科学；对于学习者来说，是以应用写作的理论为学习对象并接受应用文写作训练的工具课。

应用文写作作为人类的一种特殊的社会实践活动，历史悠久。文字出现结束了"结绳记事"的原始记录方式，标志着人类进入用文字表达自身生存状态的新阶段。甲骨刻辞、吉金铭文的出现，说明我国早在四五千年以前，就已开始有了应用文写作。

二、应用文的特点和作用

（一）应用文的特点

写作可以分为两大类：一是文学写作，又称文学创作或艺术写作，主要指语言艺术中的诗歌、散文、小说、剧本等文学作品的创作；二是实用写作，又称应用写作。二者从写法上比较，除具有一定的共性外，还各具个性。总体上看，应用文写作具有以下几个特点：

1. 实用性

文学作品大多有感而发，如小说、诗歌、戏剧等文学作品的写作目的是给读者以审美享受，有助于读者认识生活、陶冶情操，但却无法直接解决生活中的实际问题。应用文"有事而发"，无事不发，写作目的不是为了审美，而是用于解决生活工作中的实际问题。如写一则新闻，就能达到传递消息的目的；写一份公文，就能发挥其管理职能。任何一篇应用文都有其特定的目的，以及需要解决的实际问题。这是应用文最根本的特征。

2. 针对性

文学作品对于写给谁、由谁阅读、解决什么问题、怎么解决问题，没有明确的针对性。而应用文对于写给谁、解决什么问题、如何解决问题，有明确的针对性。因此，应用文往往有特定的发文单位与收文对象，具有明确的目的性。

3. 时效性

应用文写作的时效性主要体现在三个方面：一是及时性，应用文要求在一定时间内完成写作，拖延会给生活、工作、生产带来影响；二是作用时间的有效性，应用文只在一定时间内产生作用；三是时代性，与现实紧密结合，适应时代的变化需求。

4. 真实性

应用文写作的目的是解决现实生活中的问题，因此，必须讲究内容的真实、客观，绝不能发挥主观想象，夸大其辞，歪曲事实，蒙骗对方，这样会给社会带来不良的影响。在写作应用文时，要求所选用的材料必须是真实的，所涉及的人、事、物必须是现实生活中客观存在的，文中所引用的数字、数据、图表等必须是经过科学测算的，而不能是道听途说、凭空捏造的。而文学写作一般要讲艺术虚构，即使写的是生活中的真人真事，也要标榜"此故事纯属虚构，如有雷同，纯属巧合"。真实性是应用文的生命，若失去了真实性，应用文便失去了它的使用价值。

5. 程式性

文学写作随意编排，自由联想，打破时空，讲究情节的曲折变化，创作者往往标新立异。对比文学写作，应用写作有其特定、惯用的格式，规范、平实的语体，以及特定的逻辑思路。这些东西或长期以来约定俗成、相沿成习，或由国家和有关部门统一制定，写作者一般要遵从这种程式性。随着社会发展的需要，应用文格式的规范也会发生相应的变化，但这种变化绝不是为了标新立异,而是为了更有助于解决现实生活中的事务;也不是日新月异,而是在一定时期内保持规范的相对稳定,避免产生交流不畅。例如,要公布社会各有关方面应当遵守或周知的事项时,应使用通告;要表彰先进,批评错误,传达重要精神或情况时,应使用通报。

6. 平实性

应用文用情讲究平实,用语也讲究简洁、朴实、明白、准确、规范,便于理解执行。不像文学创作那样讲究用语生动、形象、含蓄、朦胧,或以取悦来迎合、打动读者。平实是应用文写作的基本风格。

(二)应用文的作用

应用文渗透在社会生活各领域、各行业,贯穿于一个人一生的学习、工作与生活之中,它无处不在,我们无时不需。美国社会预测学家约翰·奈斯比特就曾指出:当代社会应该记住最重要的大事有五件,其中之一是"在这个文字密集的社会里,我们比以往更需要具备基本的读写技巧"。应用文写作能力既是日常生活中个人需要具备的能力,又是社会生活中个人需要具备的能力,更是社会生活特定(专业)领域中个人需要具备的能力。

应用文因现实生活需要而产生,它的作用非常实际且广泛,归纳起来大致有以下几个方面:

1. 公关交际作用

当今社会,任何单位与个人都免不了与外界接触联系,需要用应用文加以联系,以此来促进业务的开展,协调各方关系。比如,个人就业,需要制作求职简历;公司开业,需向工商管理部门申请执照;双方合作,需要签订合同;销售产品,需要策划广告。应用文表达清晰准确,无疑会给个人与单位树立良好的形象,促进个人与单位发展。

2. 宣传教育作用

社会组织管理机构为保证其正常运行、事业的健康发展,会广泛运用应用文进行宣传教育。党和政府通过下达各种文件、法规、制度,向全国宣传党和国家的方针政策,各地区、各部门、各企业也通过应用文推广先进经验,表扬先进人物,批评揭露不良社会现象和丑陋行为,制裁不法分子,以此来提高人们的思想政治觉悟,规范人们的行为,保障社会的安定,推动各项事业的蓬勃发展。

3. 沟通联系作用

人与人、单位与单位、个人与单位之间都需要沟通联系,应用文是加强联系的纽带，也是联系的有效工具。比如个人与单位的信函，上下级之间的报告、通知、通报、请示与批复，都是为了上情下达、下情上报，信息与经验得到及时交流，以此取人之长，补己之短，互相促进，共同提高，推动发展。

4. 凭证资料作用

在社会生活中，应用文也是开展工作、解决、处理问题的依据和凭证。向下级下达的文件、党和政府颁布的法规、有关方面的规章制度，都可作为工作开展和检查的依据；而一些条据、合同文本、公证材料，也是业务中的凭证，一旦出现问题、纠纷，依靠这些凭证，可以通过法律途径追究对方责任，维护自身利益。另外，一些重要的应用文也是历史档案资料，要了解某一时期的政治、经济情况，或某一方面的生产经营情况，只要查阅当时存档的应用文，就可以知道，有些冤假错案在事后也能凭借这些存档的应用文得以澄清，还其本来面目。

三、应用文的分类

分类总是按一定标准来划分的，标准不一样，分类的结果也不一样。应用文类别丰富，内容广泛，分类的标准也多，分类的结果也不尽相同。一般而言，应用文书可分为公务文书和私务文书两大类，其中公务文书又分为通用公务文书和专用公务文书两类。

（一）公务文书

1. 通用文书

通用文书指人们在办公或办事中普遍使用的文书。具体分类有：

（1）行政公文。行政机关在行政管理过程中形成的具有法定效力和规范体式的文书，是依法行政和进行公务活动的重要工具，包括决议、命令、决定、公报、公告、通告、通知、通报、议案、报告、请示、批复、意见、函、纪要等15个文种。

（2）事务文书。各行业在管理和事务处理中普遍使用的文书，分计划类、报告类、规章类、简报类、会议类文书等，如调查报告、工作总结、述职报告、计划、规章制度等。

2. 专用文书

专用文书指职能机关或行业专用的法定公文和事务文书。具体分类有：

（1）科技文书。如产品说明书、毕业（设计）论文、学术论文、专利申请、实验报告等。

（2）财经文书。如经济合同、意向书、市场调查报告与预测报告、可行性研究报告、招投标书、订货单等。

（3）司法文书。如诉状、辩护词、公证书和判决书等。财经与司法交叉的有经济仲裁文书、经济诉讼文书。

（4）传播文书。如消息、通讯、特写和广告等。

（5）涉外文书。如国书、照会、公约、协定等。

（二）私务文书

私务文书用于处理个人或家族事务的文书。

（1）记录性文书。如日记、自传等。

（2）交流性文书。如求职函、书信、感谢信、表扬信、请柬（邀请书）、短信、博客等。

（3）凭据性文书。如条据、家谱等。

第二节 应用文写作的基本要素

一、应用文写作的主题和材料

（一）主题

主题是作者在文章中所表达的中心思想或基本观点。主题是文章的灵魂，可谓"意犹帅也"。一篇文章要表现什么思想，说明什么问题，都集中体现在主题上。主题是否正确，是否深刻有力，是衡量文章好坏的基本标志。在写作上，主题一旦确定，文章内容的取舍、结构的安排、语言的运用，便都要紧紧围绕主题，突出主题，受主题的支配。因此，选准、选好主题，是写好文章的关键。在写作应用文时，对文章的主题有以下三点要求：

1. 正确

正确的主题是写作应用文的基本要求。一是要符合科学的客观实际，即反映客观事物的本质规律，经得起实践和时间的检验。如某煤矿发生了安全事故，上级要求写一份事故的原因分析报告，结果某煤矿不检查自己主观管理上存在的漏洞，而将原因完全归结到不可预见的未知力量，这样就不符合科学客观实际了。文学作品的主题就不一定要符合客观实际，它符合人的主观实际就可以了。如汤显祖的《牡丹亭》，人可以因情而死，也可以因情而生，在现实生活中这是不可能让人信服的。二是要符合国家的政策法规，即主题必须符合党的路线、方针、政策和国家的法律法规。主题正确对工作有积极的指导作用，否则会给实际工作带来损失。

2. 鲜明

一是不含蓄。文学作品的主题一般蕴含在对人物形象的塑造、故事情节的讲述以及自然生活情景的描绘之中，往往是含蓄隐晦的。在作品中，作者一般不会直陈自己的观点，而是希望读者去感悟、体验，最后由读者自己分析得出。应用文恰恰相反，主题必须清楚、明白、突出，无论赞成或者反对、提倡或者禁止、肯定或者否定，都要让读者一目了然。二是不含混。文学作品的主题有时是含混的，比如白居易的诗歌《长恨歌》的主题，至今争论不休，有人认为是歌颂李杨爱情，有的认为是批判李杨爱情，有人认为是讽喻李杨爱情，还有人认为兼有几个主题。这在应用文中是决不允许出现的。有学生不能来上课，给老师写了一份假条："老师，当你看到这份假条时，我已坐在回家的火车上了，不能来上你的课，请你准假。"且不说这份请假条的其他问题，单看主题就有两个：一是请假，二是说明。如果是请假应该事前行文，显然又不是事前行文；如果是事后陈述说明，显然又不需要请老师准假。

要使主题鲜明，必须做到以下三点：要回答现实生活和实际工作中需要解决的问题；对内容的描述必须是正确的，表达主题的语言必须是肯定的；在应用文中提出问题后，要分析问题并解决问题，不能只提出问题而不去解决问题。

3. 集中

文学作品允许多个主题的存在，而应用文一般是一文一事，不可多中心，特别突出表现在请示等个别文种中，因为"意多必乱文"。只有主旨集中，文章才容易被对方理解，有关事项才便于处理，有关规定才便于执行，文章才能写得深刻、全面、充分。不要试图在一篇文章中表述多个意图，也不要在一篇文章中使用过多与主题无关的材料，避免分散主题。有些综合性的报告需要同时表述几件事情，这时应抓住事物的主要矛盾和共性，做到突出重点，使主题集中。如果文章面面俱到，主次不分，就会影响文章的表达效果。

（二）材料

材料是构成文章的要素之一，是形成主题的基础，又是表现主题的支柱。如果把一篇文章看成是一个有生命的个体，那么材料就是文章的血肉。常言道："巧妇难为无米之炊。"一篇文章的内容如何，首先取决于作者掌握材料的多少与好坏。

1. 应用文材料的特点

并不是所有的材料都适用于应用文，在选材时应注意以下几点：

（1）材料真。对于收集来的材料，一定要去伪存真。真实是应用文的生命，只有真实的材料才能写进文章，也只有真实的材料才能让人信服，才能最终达到应用文写作的目的。与应用写作相比，文学写作的材料可以虚构，甚至是公开的虚构，文学写作以虚构为艺术价值。应用文材料"不真实"有三种表现形式：一是无中生有，没有的说有，有的说没有；二是歪曲事实，有其事，但黑白颠倒；三是言过其实，夸大或者缩小。

（2）材料新。一方面，"新"指材料本身要新近的，如新事实、新政策、新的统计数据、新发现的问题等。另一方面，"新"还指新颖。新颖可以是在材料内容上与过去同类题材相比，有新的东西产生，也可以是材料不一定是新近，内容也不一定新，但分析材料的观点要新、角度要新。因为新的材料更符合时代的特点，容易引起人们的共鸣，给读者以思想上的启示。

（3）材料精。选择的材料要与其他材料合力表现主题，主题不明确或有争议的材料不能选。一篇文章表达一个主题，可能会用上很多材料，材料之间不能发生冲突。每个材料都必须指向主题，才能达到集中表现主题的目的。材料要典型，要以一当十的表达效果。典型材料是指那些最能支持主题和说明问题的材料，它可以是一个具体的事例、一些有说服力的数据或一些带有普遍性的现象。

2. 获取材料的方法

材料不可能自己摆到我们面前，平时搜集与积累固然重要，但针对写作任务进行专门的搜集也很关键。收集材料的方式有很多种：阅读文件资料、开调查会、个别采访、实地考察、问卷调查、参加会议等。

（1）社会实践。在工作实践中做个有心人，时刻关注有价值的事件及数据，如在工作中及时对做了什么工作、采用了什么方法、取得了什么效果、有哪些人参与等信息及时记录收集。在观察时要做到实事求是，防止主观武断、先入为主，同时要全面、系统、动态地进行观察，以获取真实、广泛、完整的材料，并能把观察所得及时整理成文字，为写作提供基础。

（2）调查研究。个人的实践和视野总是有限的，观察也很难做到深入细致，这就需要走向实际、走向社会，向有关人士了解情况，做一些调查，以扩大自己的视野，获取材料上的补充。

（3）查阅资料。写作应用文时常会从有关文件、正式出版物以及会议资料中获取材料,因此大量查阅文献资料来获取材料,是应用文写作经常采用的方法。

二、应用文写作的结构和语言

(一)结构

结构即文章的内部构造,是如何运用材料以表现主题的组织安排,是一篇文章的骨架。应用文的结构通常包括标题、开头、正文和结尾四个部分。

1. 标题

应用文的标题,要求充分体现主题,有的标题还有规范要求。常见的标题形式有三种:

(1)公文式标题。这类标题程式性强,表达直接而少变化,主要用于各类公文。如《国务院关于进一步促进中小企业发展的若干意见》,由"发文单位+关于+事由+文种"构成。

(2)新闻式标题。新闻式标题又可分为单标题和双标题两种形式。单标题有的直接提出文章主题,如《民族团结和祖国统一是最高利益》;有的概述主要内容,如《国内首个地震报警器地方标准出炉》;有的在标题中提出问题,如《美国经济何时走出低谷》。双标题是有正题和副题的双行标题,其中正题更多地突出文章主题,副题则对正题起到补充作用,常常说明应用文的内容范围和文种,如《繁重·活跃·稳定·上升——2013年国内市场发展趋势》。

(3)论文式标题。这类标题或表达文章的观点或点明所论述的范围,如《关于房产抵押若干问题的思考》。

2. 开头

应用文的开头担负着统领全文、揭示主题的作用,要求开门见山、直奔主题。常见的开头方式有以下几种:

(1)概述式。对文章正文的主要内容进行概述,从而引出详细叙述。

(2)缘由式。交代源起、原因、目的、依据,引出下文。① 说明源起:如《清华研究生可获三助免学费》的开头:作为全国14所试点高校之一,清华从2007级研究生新生中开始试点研究生培养机制改革。昨天,清华大学公布改革细则,约九成的新生可通过申请获得"三助"(助教、助研、助管)岗位的方式免除学费。它是会议纪要、调查报告等常用的方式。② 说明依据:开头引用上级指示精神或有关法律,常以"根据""按照""遵照"等词语领起下文。如《卫生部关于医师多点执业有关问题的通知》的开头:根据《中共中央国务院关于深化医药卫生体制改革的意见》中"稳步推动医务人员的合理流动……"——这种方式常在通知、批复、通告、规章等开头中使用。③陈述目的：开头以简明的语言，直接说明写作的目的和意义，常用介词"为""为了"引领下文。如《事业单位、社会团体、民办非企业单位企业所得税征收管理办法》的开头：为认真落实国家税务总局关于《事业单位、社会团体、民办非企业单位企业所得税征收管理办法》，切实加强我省事业单位……④说明原因：开头常用"由于""鉴于""因为"等词领起下文，也可以先简述发文的原因，再引出写作目的。如《停电通知》的开头："由于进行农网改造，需要对部分地区实行分片定时停电，现将……"

（3）议论式。开头用议论的表达方法阐明观点，表明态度，揭示主题。如《知识经济与人力资源会计》的开头："知识经济已在世界范围内初见端倪，它是继农业经济、工业经济之后的一种新的经济形态。在知识经济时代，知识与经济的结合促进着经济的迅速发展，知识将成为所有创造财富的要素中最基本、最有效的生产要素，从事知识创新、传播和运用的知识劳动者是社会财富的主要创造者，人力资源成为企业乃至整个社会最宝贵的稀缺资源。对人力资源进行会计核算，加强人力资源管理，是适应知识经济发展的需要。"

（4）提问式。直接展示存在的问题，以引出对问题的分析与解决。这种开头方式能引起读者的注意和思考，常见于调查报告、学术论文的写作，如《国企人力资源管理出路何在》的开头："进入知识经济时代，智力资本成为企业的第一竞争要素，人力资源管理的重要性愈加凸显。然而，传统上稳居头把交椅的国有企业，在人才竞争中却越来越有大步落后的趋势，问题何在？"

3. 正文

正文是应用文的核心内容，材料在这里集中，观点在这里展开，主旨在这里得到表现。因而处理好正文部分的层次结构，是应用文谋篇布局的关键。正文的结构应从内在结构顺序和外在文面结构形式两个方面考虑。

（1）内在结构顺序。所谓内在结构顺序是指在进行应用文写作时，按其内在层次结构安排顺序的方式。

①时序。按生产流程、事件发生的过程结构文章。如进程明显分为几个阶段的毕业设计工作，一般是按选题与开题、指导与写作、答辩三个阶段来写工作计划、总结或报告的。

②并列。按空间或事物性质划分，并结构成篇，各项互不包含。在通知、通告等中广泛运用。如一份办证通知：一、办证时间；二、办证地点；三、办证办法；四、办证收费，这四条就是并列关系。

③递进。文章结构展示是一个由表及里、由浅入深、由感性到理性的认识

过程，一环扣一环。

④ 比较。可以是事件（人物等）前后比较，也可以是不同事件（人物等）的比较。用比较结构文章时，要注意可比性，要么同中求异，要么异中求同。

⑤ 因果。由因到果，或由果到因，或由因到果再到因，这样来结构文章。用因果关系结构文章时要注意直接原因与根本原因的分析，二者要有机结合。

⑥ 总分。先总的概说再分头细说，或先分头细说再总的概说，或先列举事例再归纳上升到理论高度，或由大道理演绎推导到具体事例，这都是总分结构模式。

一篇文章一般不只用一种结构类型，往往交叉使用多个类型。比如大多数通知的结构，总分结构中又包含着并列结构。比如一些事故报告，往往因果结构中兼有递进结构。

（2）外在文面结构形式。所谓外在文面结构形式是指应用文的外在表现形式。

① 篇段式。篇段合一式，一个自然段形成一篇文章；二段式，两个自然段形成一篇文章；……多段式，大多数短小的应用文都是由自然段结构成篇的。

② 分部式。一些大型文字材料，自然段落太多，如工作总结与报告等，要让读者轻松掌握其思路与结构，往往就要采用分部分的方式结构全篇，每一部分加上小标题概括内容或点明内容范围，因此这种结构也叫小标题式结构。在难以提炼确切小标题或首括句时，用序号标出内容层次，做到条理分明。

③ 条款式。一些规章制度或章程，内容多而且细，往往采用条款式。其中又有章断条连或章断条断两种形式。

④ 表格式。为了分类清楚，一目了然，也有用表格式的应用文格式，如计划等。

⑤ 广告式。又叫海报，属不成文式，文字的排列随意，不拘于自然段的形式。

一篇文章的篇章结构也往往兼用以上几个类型。

4. 结尾

应用文的结尾讲究言尽意尽，不留"余味"，不添"蛇足"，更不能草率收尾。常用的结尾方法有以下几种：

（1）补充说明。对与主体内容有关但性质不同的问题或事项作补充交代、说明，以保证内容的完整性。如公文结尾交代施行日期、执行范围、传达对象、与该文规定不符的原有规定如何处置等；论文结尾则说明尚未解决而应另作讨论的问题。

（2）结论强调。对文中的主要观点或问题加以归纳总结或重申正文的主要内容，以加深印象，起进一步提醒的作用。

（3）希望要求。对收文对象提出希望与要求，往往是行文的目的。提出希望，发出号召。向下级提出贯彻执行要求，如"遵照办理""认真执行"等。

（4）意见建议。针对设定的施行目标、存在问题提出意见和建议。

上述几种结尾方式，还可以细化，不一一列举。有的应用文主体部分已经言尽意明，或是结尾已融进主体部分，则不必再另写结尾，自然收尾即可。

（二）语言

与文学作品相比，应用文不必也不允许追求想象的丰富、情节的奇特、辞藻的华丽，它的语言具有准确、简洁、朴实同时不失生动的特点。

1. 用书面语

文学可以使用方言口语进行创作，且能创作出优秀的作品。应用写作禁止使用方言口语，否则会影响意义的表达与理解，进而影响问题的解决。

2. 用准确语

文学用语可以模糊含蓄，甚至含混。应用文用语要准确表达现实对象，该精确时要精确，不能确定时就用"一般、通常、大概、左右"等特定模糊用语。这里说的准确是与现实生活情况相符合。

3. 用简练语

文学用语一般求新求异，讲求辞藻的丰富与华丽。应用文用语务实求真，只要不影响意义表达的准确性，一般力求节字省句，能用一个字表达不用两个字，能用一句话表达不用两句话。因此，应用文常用到缩略语。

（1）双变单。应该—应；经过—经；根据—据；将要—将。

（2）缩合式。基本建设—基建；公共关系—公关；环境保护—环保；传播媒体—传媒。

（3）省同存异。进口出口—进出口；高档低档—高低档；中学小学—中小学。

（4）概括式。无商标、无生产厂家、无生产日期——"三无"产品；通水、通气、通电——"三通"；"三个代表"（代表先进生产力发展要求、代表先进文化发展方向、代表中国最广大人民的根本利益）；"四化"（工业现代化、农业现代化、国防现代化、科学技术现代化）；"五讲四美三热爱"（讲文明、讲礼貌、讲卫生、讲秩序、讲道德；心灵美、语言美、行为美、环境美；热爱党、热爱祖国、热爱社会主义）；"三农"（农村、农业、农民）；"两个文明"（物质文明、精神文明）。

（5）删除式。保留原词主干部分，形成简称。如《中华人民共和国宪法》简称《宪法》。其他还有"中共""外长""安理会"等都是简称。使用简称时切忌产生歧义与不雅，如"上吊""南大""人大""计院"等。

4. 用专业语

专业语即专业术语与行业用语。应用文写作与实际生活领域紧密相连，而每一个生活领域都有自己规范性与习惯性的表达术语，写作应用文时要尽量采用专业术语与行业用语。如：

（1）财经专业术语。财务、预算、价格、商品、货币、汇率、利润。

（2）法律专业术语。合同、要约、辩护人、自诉、债权。

（3）商业行业用语。畅销、脱销、滞销、旺季、淡季、毛利、纯利。

5. 用习惯语

（1）称谓语习惯语。表示称谓关系的词语：直呼单位或个人——全称或规范化简称，以及对方职务或"××同志；××先生"。表示指代关系的称谓：第一人称——本、我，后面加上代表单位简称，如部、委、办、厅、局、厂或所等；第二人称——贵、你，后面加上代表单位简称，如部、委、办、厅、局、厂或所等；（用于平行文与涉外公文）第三人称——该，指代人、事物、单位，如该同志、该厂、该产品等。

（2）领叙习惯语。用以引出应用文撰写的根据、理由或具体内容的词。如：根据……；按照……；为了……；接……；前接或近接……；遵照……；敬悉……；惊悉……；收悉……；查；为……特……；现……如下；兹有……；今……；在……之际；获悉……等。

（3）追叙习惯语。用以引起被追叙事实的词，使追叙内容出现得自然，如：业经、前经、均经、即经、复经、迭经（注意次数与时态）。

（4）承转或过渡习惯语。利于文辞简明、前后照应。如：为此、据此、故此、鉴此、综上所述、总而言之、总之。

（5）祈请习惯语。表示请求与希望，达到互敬和谐气氛。如：希、希望、敬希、请、望、敬请、烦请、恳请、要求。

（6）商洽习惯语。征询意见和反馈信息，探寻语气。如：是否可行、妥否、当否、是否妥当、是否可以、是否同意、意见如何（注意行文需要）。

（7）受事习惯语。表示感激、感谢的客套词语，用于平行文与涉外文。如：蒙、承蒙。

（8）命令习惯语。表命令与告诫，以增强严肃性与权威性，引起对方重视。表命令语气词，如着、着令、特命、责成、令其、着即等。表告诫语气词，如切勿、切实执行、不得有误、严格办理等。

（9）目的习惯语：交代行文目的。如：请批复、请函复、请批示、请告知、请批转、请转发（用于上行或平行文）、周知、知照、备案、审阅（用于下行文）。

（10）表态习惯语。表示明确意见的回复语，如：应、应当、同意、不同意、准予备案、特此批准、请即试行、按照执行、可行、不可行、迅即办理。

（11）结束习惯语。结束上文语，如：此布、特此报告、特此通知、特此函复、特此函告、特予公布、此致、谨此、此令、此复等。再次明确行文目的与要求，如：……为要、……为盼、……是荷、……为荷。表示敬意谢意与希望，如：敬礼、致以谢意、谨致谢忱。

6. 用生动语

应用文的语言要求准确、简洁、朴实，但并不排斥生动。应用文中有些种类，如合同、规章制度等，生动性是不必要的，但在写作如调查报告之类的应用文时可适当使用生动的语言。

如群众批评那些见酒不讲原则的领导："筷子一举，可以可以；酒杯一端，政策放宽。"形容讲人情者："三个大公章，不如一个好老乡。"在经济体制改革中，有的文件提出要"摸着石头过河"等，这些生动的语言使应用文达到了更好的表达效果。

第三节　应用文写作的审查与修改

审查和修改是应用文写作的最后一个步骤，是非常重要的一个环节。文不厌改，应用文的写作更是如此，稍有差池就可能会影响它的实用效果。因此，应用文写作的审查和修改是必不可少的，要从思想上重视它们。

一、应用文的审查

在完成应用文的写作后，需要就文章的标题、主题、结构、材料，以及语言等方面对应用文进行审核与检查。

（一）标题

在审查文稿时，首先应查看应用文的标题是否做到了简练、直接，例如"国务院关于开展第一次全国水利普查的通知"。其次，应查看应用文的标题是否与内容相符，例如，如需向上级机关汇报工作、反映情况等，则文书的标题应为"报告"；若是上级机关对下级机关中典型的先进事迹、人物进行表彰，或对严重的错误予以批评教育，则文书的标题则为"通报"。

（二）主题

应用文的主题一定要明确，也就是文稿要说明或解决的问题要非常清楚。修改时，应查看文稿是否抓住了重点问题，全文是否围绕这一重点问题展开。若非如此，则应删除多余的内容，或对相关语句进行修改。

（三）结构

不同文种的应用文都有其相对固定的体式规范，甚至一些常用词语或短语也成为结构的一个组成部分。在对文稿的结构进行审查时，首先应查看其是否符合相应的体式要求；其次检查文稿层次条理是否清楚，详略安排是否得当，段落之间是否合乎逻辑，过渡衔接是否连贯自然，前后是否照应。

（四）材料

应用文引用的材料应确保准确、可靠。材料是文章观点赖以支撑的关键要素，材料不实，观点不正确，文稿的作用和影响力就会大打折扣，从而影响其实际应用。另外，对文稿中的材料进行审查时，还应考虑所选材料是否典型，能否说明问题，否则也应对材料进行置换。

（五）语言

应用文的语言要求准确、精练。文中不能有错别字，用词要经过推敲，使其不会产生歧义，注意词语的感情色彩和语体色彩。另外，也应考虑句式是否得当，是否符合逻辑，句与句之间是否衔接紧密，是否有效地表情达义，以及标点符号的使用是否正确与标准等。

二、应用文的修改

文章的修改应该是从内容到形式、从遣词造句到标点符号，进行整体的推敲衡量。常用的修改手段有增、减、调、换四种。

（一）增

所谓增就是增加材料。在应用文，特别是计划、总结、调查、报告之类的写作中，应尽量使文章中所用的每种材料对于主题来讲都是充分的、必要的和具有典型意义的。如果原有的材料不足以说明主题,就必须增加材料。当然,在增加材料时是有选择性的,不能什么材料都写上去,必须遵循材料为主题服务的原则,要选用那些真正反映事物本质,真正能够说明主题的典型材料,绝不能随意增加没有真凭实据的材料。

(二)减

所谓减就是删减材料。在应用文写作中,选择和运用材料要以一当十,越精越好。因此,凡是与表达主题思想无关或不真实、不典型的材料都应删除。这样才能既突出文章的主题,又使文章凝练简洁,取得最好的效果。

(三)调

所谓调主要指调整文章结构。结构是文章的形体,必须要严密顺畅,条理清楚。如果逻辑结构上出现漏洞,文章内部层次、段落顺序安排不合理,就会影响主题的表达,造成读者理解上的障碍和认识上的混乱。出现这种情况时,就要对文章的结构进行调整,重新安排层次、段落顺序,以切合文章内在的逻辑和主题表达的需要。必要时,还可调整同一段文字的内在表达顺序,如结构前置、先分后总等,以便清楚反映文章意图。

(四)换

所谓换是指换材料。凡是不能准确反映写作意图,不能很好支持主题的例证材料,无论多么生动都要换掉。此外,对于不适合的字、词、句以及标点符号都应及时更换,以保证文章的顺畅。

【思考与练习】

1. 什么是应用文?应用文的写作特点是什么?
2. 应用文写作的基本要素包括哪几个部分?
3. 如何对应用文进行审查和修改?

第二章 大学生实用文书

【本章导读】

大学生在校期间或毕业后寻找就业单位时，必然要接触和使用相关的应用文书，如要参加学生会竞聘，毕业前需要撰写实习报告、毕业论文等，求职时需要撰写求职信和简历，被单位录用后还要签订劳动合同等。本章将这些文种编排在一起，以方便大学生学习和使用。

第一节 竞聘辞

【任务安排】

在校学习期间，某大二同学想要竞选学生会主席，请你为他写一篇竞聘辞。

【思维引导】

★ 完成这份竞聘辞需要做哪些准备？
★ 应该怎么写，才能竞聘成功？
★ 竞聘辞的格式是什么？

【必备知识】

（一）竞聘辞的含义和用途

竞聘辞又称竞聘报告，是竞聘者在竞聘会议上向与会者发表的一种阐述自己竞聘条件、竞聘优势，以及对竞聘职务的认识，被聘任后的工作设想、打算等的工作文书。

竞聘辞一般用于竞聘者作竞聘演讲之用。竞聘演讲的目的，就是竞聘者通过阐述自己竞聘条件、竞聘优势，使听众对演讲者有充分的了解和认识，从而鉴别其是否能胜任该职位，最终达到被聘任的目的。

（二）竞聘辞的特点

竞聘书应具有竞争性、目的性、生动性和自评性。竞聘辞一般在讲演场合中用，所以其文字、语言要具有演讲稿风格。

（三）竞聘辞的结构和写法

1．标题

（1）以文种为标题。如《竞聘书》。

（2）以竞聘职位和文种为标题。如《学生会主席竞聘书》。

2．正文

（1）称呼。一般写："尊敬的领导、同志们"。

（2）正文。开头写："大家好！首先感谢×××给了我这次竞聘的机会！"接下来介绍自己的基本情况，阐述自己的竞聘优势和劣势，对竞聘职务的认识，被聘任后的工作设想、打算等。

（3）结尾。再次阐述自己的意愿和态度。

3．落款

落款包括姓名和时间。

【例文】

学生会主席竞聘书

各位领导、老师、同学们：

大家好！首先感谢大家的支持与学校提供这次机会，使我能参与竞争，一展自己的抱负。

今天我来参与竞选的目的只有一个：一切为大家，能为大家谋利益。我自信在同学们的帮助下，能胜任这项工作，正由于这种内驱力，当我走向这个讲台的时候，我感到信心百倍。

我认为自己很适合担任学生会主席。首先我热爱我的工作，算上小学的话，十年学生干部"工龄"已不算短了，这使我有了相当的管理经验、领导能力。活泼开朗、兴趣广泛的我积极参加并组织开展各项活动，在活动中尽情施展自己的唱歌、跳舞、弹钢琴及演讲的才能，取得了如演讲比赛第一，英语朗诵、阅读竞赛第一等好成绩，这些成绩激励着我不断向前；主持也是我不懈的追求，从高一入学军训联欢会到主持省电视台节目，及后来的首届英语节，大大小小的活动参加了不少，是这方热土给我提供了机会，使我如鱼得水，不断锻炼、充实着自己。此外在参加活动的同时，我学习上也丝毫没有松懈，成绩跻身年级前茅。我认为我有足够的时间和精力在学习之余开展活动。

假如我当选，我将进一步加强自身修养，努力提高和完善自身的素质，我将时时要求自己"待人正直、公正办事"；要求自己"严于律己、宽以待人"；

要求自己"乐于助人、尊老爱幼"。总之，我要力争让学生会主席的职责与个人的思想品格同时到位。

假如我就任此届学生会主席，我做的第一件事就是召集我的内阁部长们举行第一次全体内阁会议，全面地听取他们的意见与建议，下放权力，实行承包责任制。我们将自始至终地遵守"一切为大家"的原则。在就职期间，我们将在有限的条件下，办我们自己的电视台、广播站，建立必要的管理制度，设立师生信箱。我们将定期举行各种形式的体育友谊比赛，使爱好体育的英雄有用武之地。爱好文艺的，校艺术团在欢迎你。我们将举办自己的艺术节、中秋、圣诞大联欢。如有条件来个校园形象大使活动也不错，还有书画会、文学社、中学生论坛、社会实践（包括大家感兴趣的郊游活动）……总之，我们每个人都能在学生会找到自己的位置，我们的课余生活绝对能够丰富多彩！我们将与风华正茂的同学们在一起，指点江山，发出我们青春的呼喊！我们将努力使学生会成为学校领导与学生之间的一座沟通心灵的桥梁，成为师生之间的纽带，成为敢于反映广大学生的意见要求、维护学生正当权益的组织，新的学生会将不再是徒有虚名的摆设，而是有所作为的名副其实的存在！

既然是花，我就要开放；既然是树，我就要长成栋梁；既然是石头，我就要去铺出大路；既然是学生会主席，我就要成为一名出色的领航员！

各位代表，你们所期望的学生会主席，不正是敢想敢说敢做的人吗？我十分愿意做你们所期待的公仆。你们握着选票的手还会犹豫吗？谢谢大家的信任！

竞聘人：×××

二〇一二年五月二十日

【评析】

这篇竞聘辞写作目的明确，通过叙述自己的优点以及对将来的展望，达到写作目的。

【拓展练习】

（一）简答题

1. 写作竞聘辞的注意事项有哪些？
2. 竞聘辞的正文的写法是什么？

（二）根据材料作文

如果你是一名在校爱好文学写作的大学生，现在该学校要成立"新苗文学社"，公开选聘社长一名，如你有此应聘意愿，请为自己写一篇竞聘稿参与竞聘演讲。

第二节　学术论文

【任务安排】

李华是一位大学语文教师，他想调查研究大学语文教材的出版及使用情况，并通过撰写学术论文，提出自己的观点，从而促进大学语文教材的规范化和提高语文教材的实用性。

【思维引导】

★ 完成这份学术论文需要做哪些准备？
★ 学术论文的格式是什么？
★ 应该怎样写好学术论文？

【必备知识】

（一）学术论文的含义和用途

学术论文是对自然科学或社会科学领域中的学术问题进行研究后表述科学研究成果的理论文章，或是对某种已知原理应用于实际中取得新进展的科学总结。

（二）学术论文的特点

1. 学术性

学术性又称科学性，是指学术论文所体现的专门的、系统的学问，是建立在深厚的学理和实践的基础上的理论。要求作者必须切实地从客观实际出发，对客体进行认真、周密的观察分析，尽可能多地占有资料，以最充分的、确凿有力的论据作为立论的依据，从中找出规律，揭示其本质或得出符合客观实际的结论。学术论文的学术性，还要求凡论证都必须具有严密的逻辑性，既不违背生活的常理，又不违反科学，且能经受得住实践的检验。

2. 创造性

科学研究是对新知识的探求。创造性是科学研究的生命。学术论文的创造性在于作者要有自己独到的见解，能提出新的观点、新的理论。这是因为科学的本性就是"革命的和非正统的"，"科学方法主要是发现新现象、制定新理论的一种手段，旧的科学理论就必然会不断地为新理论推翻"（斯蒂芬·梅森）。因此，没有创造性，学术论文就没有科学价值。

3. 体现作者的专业水平和综合素质

一篇专业论文，不但能反映一个作者的专业水平，还能综合反映作者的思维能力、创造能力、研究方法、研究作风和文字表达水平。总之，是一个作者专业水平和综合素质的体现。

（三）学术论文的分类

1. 按作者的身份标准分

（1）专业论文。专业论文是各专业领域里从事专科科研的人员撰写的论文。这类论文多在学术刊物上发表，或在学术会议上宣读。

（2）学业论文。学业论文是高等学校在校学生撰写的论文。学年论文、学位论文和毕业论文等都属于学业论文。

2. 按研究的内容分

（1）理论研究。重在对各学科的基本概念和基本原理进行研究。

（2）应用研究。侧重于如何将各学科的知识转化为专业技术和生产技术，直接服务于社会。

（四）学术论文的结构和写法

1. 标题

学术论文的标题要求以最简要概括的词语反映论文内容，如《浅论国家核心竞争力》。

2. 内容提要

内容提要即提示论文的基本观点、研究成果及意义等内容的文字，一般不超过300字。

3. 关键词

关键词即提示论文主题和内容的词汇。

4. 绪论

绪论又称为前言、引论等，是论文的开头部分。写作内容一般包括提出问题，说明选题的缘由、研究意义、研究方法等。

5. 本论

本论属于论文的主体，它占据论文的最大篇幅。论文所体现的创造性成果或新的研究结果，都将在这一部分得到充分的反映。因此，要求这一部分内容充实，论据充分、可靠，论证有力，主题明确。为了满足这一系列要求，同时也为了做到层次分明、脉络清晰，常常将正文部分分成几个大的段落。这些段

落即所谓逻辑段,一个逻辑段可包含几个自然段。每一逻辑段落可冠以适当标题(分标题或小标题)。常用的结构形式有以下三种:

(1)并列式。并列式亦称为横式结构,围绕总论点并列排出几个分论点,从不同角度对总论点进行阐释论证。

(2)递进式。又称为纵式结构,即一层层地对总论点进行阐释论证,后一个层次是前一个层次的深化。

(3)混合式。又称为综合式结构,即并列式与递进式同时使用。

作为议论文的学术论文不管采用何种结构形式,都是为了展开论证过程。学术论文常用的论证方法有以下几种:

(1)例证法。即运用归纳推理进行论证的一种方法,是用典型事例作论据来证明论点的方法。

(2)引证法。即用一些权威性的理论作论据来证明论点的方法。

(3)比较法。即通过事物之间的比较来证明论点的方法。

(4)比喻法。即用容易理解的具体事物或道理作比喻,来说明深奥的抽象事物或道理的方法。

(5)因果法。即通过分析,揭示论点与论据之间的因果关系以证明论点正确的方法。

(6)归谬法。即事先假定对方的观点正确,继而以此为前提进行推理,却只能得出荒谬的结论,从而证明论点错误的方法。

6. 结论

结论应写得简明扼要,一般需对本论中的观点做一个归纳,表明总的看法意见,或者强调某些要点等。

并非每篇论文都需要结尾,有的论文正文一写完,全文就结束。

7. 致谢

即对帮助过自己的有关单位和个人表示感谢,也有的学术论文不写"致谢"内容。

8. **注释或参考文献**

即在文后列出引文出处或有关的参考文献。

(五)注意事项

第一,正确选题。选题在学术论文写作中具有头等重要的意义。这是因为,只有研究有意义的课题,才能获得好的效果,对科学事业和现实生活有益处;而一项毫无意义的研究,即使研究得再好,论文写得再精彩,也是没有科学价值的。钱学森教授认为:"研究课题要紧密结合国家的需要。……在研究方法上要防止钻牛角尖,搞繁琐哲学。目前在社会科学中,有的人就古人的一句话大作文章,反复考证,写一大篇论文,我看没有什么意思。"因此,我们要选择有科学价值的课题进行研究和写作。那么,应该根据哪些原则来选题呢?

(1) 具有科学性。它应包括:亟待解决的课题;科学上的新发现、新创造;学科上短缺或空白的填补;通行说法的纠正;前人理论的补充;等等。

(2) 有利于展开。它指的是:要有浓厚的兴趣;能发挥业务专长;先易后难,大小适中;已占有一定的资料;能得到导师的指导;能在一定时间内完成;对题目加以限定。

选题离不开资料的搜集和整理。资料的搜集一般通过以下四种方式:
① 利用图书馆查阅图书资料。② 上网搜集有关资料。③ 实地调查。④ 科学实验和科学观察。

搜集资料以后,则以真实、新颖、典型的标准,做好分类和优选工作。

第二,编制写作提纲。编制提纲一般可采用标题法、句子法。写作提纲是论文起草前必不可少的一项工作。通过拟写提纲,实现以下目的:
① 初步确定论文标题。② 确定论文中心思想,写出主题句。③ 确定论文总体框架,安排文中论点的次序。④ 确定大的层次段落,确定每个段落的主旨句。⑤ 确定每段所选用的材料,标示材料的名称、页码、顺序。

第三,充分占有自己选题范围内的资料,做好材料的分类和鉴别工作。

第四,编制好写作提纲后,要趁热打铁,集中精力和时间投入写作,初稿不要求完美,但要尽可能一气呵成。

第五,初稿完成后要及时查看是否遗漏材料并进行修改。修改时,主要斟酌论点是否新颖,论证是否合乎逻辑,结构是否需要调整。同时对文字和标点符号进行仔细的推敲。每一篇定稿的论文,一般都要经过多次认真的修改。

【例文】

论换位思考在高职行政公文教学中的应用

摘　要:行政公文是高校《应用文写作》教学中的重要内容,但行政公文写作教学长期存在着内容枯燥、教学模式单一、学生积极性不高等问题,难以达到良好的教学效果。在行政公文教学中适当引入换位思考的理论不仅可以激发学生的兴趣,而且可以促进学生精神上成人,从而更好地提高教学效果。

关键词:应用文写作;行政公文;换位思考;教学

行政公文是各级各类机关、团体、单位等组织行使管理职能和业务职能的重要工具，是为国家政务、社会公务和公众事务服务的工具。在高校《应用文写作》教学中，行政公文是最重要的，也是所占比重最大的部分，因此做好行政公文教学对于高校应用文的教学效果有着至关重要的意义。但是现在的行政公文教学不管是在教学方式上，还是在教学过程中，都存在很大的弊端，难以激发学生的兴趣。而把换位思考引入行政公文教学不仅可以激发学生的兴趣，而且可以促进学生精神上成人，从而更好地提高教学效果。

一、行政公文教学的现状和存在的问题

（一）教材方面：语言单调，内容枯燥

在应用文书中，行政公文是最讲程式化的文种，它不仅体现在公文有非常严格的格式，而且也体现在公文所形成的相对固定的语言模式，如法规和规章文书在文面上表现为章条式，请示和批复也具有较强的格式性，缺乏多样性和灵活性。与文学作品语言追求"言内意外"的风格相比，行政公文语言则多用模式化的语句和词语，因此显得十分单调。再加上不少应用文教材选用的例文缺乏时代气息、内容陈旧，导致学生的兴趣不高。

（二）教师方面：教学模式单一

行政公文写作是一门实践性很强的学科，但是许多教师习惯上仍以讲授为主，主讲文体特点、结构模式、写作方法，穿插例文分析，最后布置作业，这种授课模式忽视了教师和学生的双向互动，不利于调动学生的积极性，导致课堂气氛沉闷、教学效率低下。

（三）学生方面：生活阅历较浅，难以理解行政公文的深刻内涵

应用文写作课程的开设，是为学生走向工作岗位所做的准岗位练兵。行政公文不仅是各类机关、团体、单位等组织行使管理职能和业务职能的重要工具，而且也是机关、团体、单位领导意图、意志的载体。因此其写作不仅要突出规范化和程序化，更重要的是理解其深层的处理问题的思路。但是现在的大学生多是从高中直接升入大学的，生活阅历较浅，很难理解行政公文中深层次的内涵，这也导致学生的学习积极性不高。

二、换位思考引入行政公文教学的价值和意义

换位思考是人对人的一种心理体验过程，亦为将心比心、设身处地，是达成理解不可缺少的心理机制，它客观上要求我们将自己的内心世界，如情感体验、思维方式等与对方联系起来，站在对方的立场上体验和思考问题，从而与对方在情感上得到沟通，为增进理解奠定基础。将换位思考引入行政公文教学有着十分重要的价值和意义：

（一）换位思考可以增强师生互动，激发学生学习的兴趣

传统的行政公文教学强调基本理论知识的传授，多采取"格式+例文"的教学模式，习惯于"满堂灌"，使学生失去了写作的主体地位，只是单向地、被动地接受老师的指令，很难激发写作热情和欲望。而有的学生片面地认为行政公文只是格式问题，需要时可以网上"现买现卖"，因此缺乏学习主动性，整个课堂教学显得没有生机。换位思考可以从多个角度引导学生学习公文写作，如通过提问、讨论等方式，让学生分别站在公文创作者、公文接受者、主管领导等的立场上全方面地把握在同一事件背景下如何表述才能达到最好的效果，真正让学生成为学习的主体，变封闭式的教学为开放式的教学，这样不仅可以增强师生互动，活跃课堂气氛，而且可以激发学生的兴趣和写作动机。

（二）换位思考可以帮助学生深刻理解行政公文的内涵

行政公文是机关、团体、单位领导意图、意志的载体，在规范格式的外衣下隐藏着丰富的行为处事的道理。引导学生换位思考可以帮助学生深刻地理解行政公文的内涵。如批复是行政公文中较简单的一种文体，但在具体的写作上也有很大的不同，批准请求事项的批复可以不说明原因，重点说明工作要求的部分，以便下级能遵照执行；而不批准请求事项的批复，则必须说明原因，而且重点在原因部分，主要是预防下级对上级产生专断的印象。

（三）换位思考可以促进学生精神上成人，满足其职业需求

行政公文的起草者，只是组织的代笔人，行政公文在制作过程中，往往会涉及多个岗位、单位，因此创作个体在写作时要淡化个人色彩，尽可能地站在公正、客观的立场上，从机关、单位的角度思考问题。对于工作阅历缺乏的学生而言，这种角色转换是有一定难度的。而通过换位思考能够帮助学生强化写作角色意识的转化，促进其思想成熟，精神上成人，让学生毕业后能迅速进入职业角色，胜任工作岗位，满足其职业需求。如在教请示的写作时，可以让学生站在上级主管部门的角度来分析请示的事项，探索哪一种请示的写法更易被上级主管部门所接受，并进一步强化其职业角色意识。

三、行政公文教学中换位思考的层次

行政公文制作有着严格的程序，在这个程序链条中，可能涉及多个人物、部门或组织。如从创作者的角度看，公文的作者作为组织的代笔人，那么他首先要得到分管领导或组织的授权才能行文，文章完成后还要得到分管领导和组织的同意才能签发。从接受者的角度看，公文的读者可以是特定的受文机关，也可以是社会的全体成员。因此，在引导学生换位思考时，根据所站的角度不同可以采取多种换位思考的方式。

（一）一重换位

这是比较简单的一种换位思考方式。就行政公文写作而言，公文的作者是能以自己的名义行使职权和承担义务的机关、团体、企事业单位，那么作为起草者，就必须站在组织的角度来起草文件，由个体向组织的转换这是一重换位。就行政公文接受而言，在行政公文教学过程中，让学生从组织单位的角度来分析公文，或者从分管领导的角度评判公文，或者从受文对象的角度来理解公文，也属于一重换位。

（二）二重换位

指在行政公文教学过程中，引导学生从两个不同的角度来分析公文。如在讲授会议通知时，让学生一方面从会议组织者的角度来谋篇布局，另一方面又让学生从参会者的角度考虑这种写法是否周到细密。

（三）多重换位

指在行政公文教学过程中，引导学生从三个及三个以上的角度来分析公文。这是换位思考的高级阶段，它通过引导学生全方位地去分析或者写作行政公文，以求达到最好的写作效果，同进促进学生分析问题和解决问题的能力提高。

四、换位思考在具体教学中的应用措施和方法

（一）强化学生主体意识

实用性、实践性是行政公文的重要特点，能否发挥学生的积极主动性是换位思考在具体教学中运用的关键。建构主义的学习理论告诉我们，学习过程不是学习者被动地接受知识，而是积极地建构知识的过程。所以在行政公文教学过程中，要真正把学生放在学习的主体地位，强化学生的主体意识，让学生积极主动地去思考，这样换位思考才能取得良好的效果。在行政公文教学中可以采取多种教学方式增强师生互动，调动学生的积极性，如针对公文的制作过程，引导学生组成一个发文机构，让学生分别担任不同的角色，从文件起草、核稿、签发、打印、装订、用印、传递、收文、批阅、归档等流水线作业，调动学生学生的兴趣，培养其职业意识。

（二）帮助学生尽快完成职业角色意识的转变

行政公文教学与其他的应用文教学不同，它更强调职业角色意识，不同的职业和岗位在写作时有着很大的不同，如下级单位对上级单位的行文，应尊重而不阿谀奉承；上级单位对下级单位的行文，应谦和但又不失度，因此培养学生的职业角色意识，是行政公文教学的一个重要任务。另外，行政公文教学中的例文不是来自一个单位、一个行业，涉及的行业多种多样，面对的岗位和职

业也是多种多样的，而大学生的生活经历比较简单，更谈不上有什么工作阅历。因此，在教学中进行换位思考，首先要帮助学生尽快完成职业角色意识的转变，引导学生转变观念，使之从学习思维过渡到工作思维，站在职业的角度来学习和写作行政公文。

（三）循序渐进，由易到难

换位思考有多重方法，其中一重换位思考是最基本的，也是最简单的，而多重换位全方面地分析行政公文比较困难。在教学中，应掌握循序渐进、由易到难的原则。最初先使学生树立职业角色意识，转变思维方式，进行一重换位，然后再逐渐过渡到二重换位、多重换位。

参考文献

[1] 杨文丰. 高职应用写作[M]. 北京：高等教育出版社，2006.

[2] 曹洁萍. 谈高职应用文教学职业角色的培养与实现[J]. 教育与职业，2007（27）.

[3] 时荣先. 新时期高职应用文写作教学困境与对策[J]. 职业技术教育，2009（23）.

[4] 魏红梅. 大学应用文写作教学现状分析及对策研究[J]. 继续教育研究，2009（1）.

【评析】

这是一篇针对应用文教学的论文。作者首先分析了行政公文教学的现状和存在的问题，然后探讨了将换位思考引入行政公文教学的价值和意义，并提出行政公文教学中换位思考的层次以及换位思考在具体教学中的应用措施和方法。文章结构严谨，层次分明，文笔流畅。

【拓展练习】

（一）简答题

1. 学术论文选题通常应选择哪些类型？
2. 编制写作提纲的目的是什么？
3. 规范的学术论文一般由哪些结构项目构成？
4. 撰写学术论文有哪些论证方法？
5. 撰写学术论文有哪些需要注意的事项？

（二）写作训练

试着确定一个自己感兴趣的课题，按照学术论文的结构和写法，撰写一篇论文。

第三节 实习报告

【任务安排】

学校为了增强经济贸易专业的学生对企业生产过程的全面认识，巩固学生所学的专业理论知识，使抽象的书本知识变为生动的、具体的、更为系统的知识，让学生掌握市场营销的一些基本技能，进一步培养学生分析与解决实际问题的能力，特安排学生到成都服装厂进行实习，并要求其在实习结束后提交实习报告。

【思维引导】

★ 完成这份实习报告需要做哪些准备？
★ 实习报告的格式是什么？
★ 应该怎么写，才能完成一份优秀的实习报告？

【必备知识】

（一）实习报告的含义和用途

实习报告，是学生接受专业教育后，到实习单位进行实践锻炼，对专业实习情况、收获体会、有关专业问题及个人思想和能力提高情况进行分析总结而向学校提交的专业文本。

通过撰写实习报告，学生可以理性地检视专业学习的水准；学校可以通过实习报告了解专业设置和建设的相关情况。

（二）实习报告的特点

1. 专业性

实习报告反映了学生在自己所学的专业领域实习的实际情况，是对所学过的专业知识的运用及检视。

2. 检视性

实习报告必须对学生自己真实的实习情况进行总结检视，梳理收获，找出不足。

（三）实习报告的分类

实习报告按照内容划分，有生产实习报告、课程实习报告和毕业实习报告等。

（四）实习报告的结构和写法

实习报告由标题、正文、结尾组成。

1. 标题

实习报告的标题一般有三种写法。

（1）由实习地点和文种构成，如《第一建筑公司实习报告》。

（2）直接写，如《毕业实习报告》。

（3）正副标题式，正标题概括实习报告的主题，副标题标明实习的单位和文种。如《教学相长，播撒爱心——华夏幼儿园实习报告》。

2. 正文

一般来说，实习报告的基本结构和写法包括以下几个方面：

（1）前言。一般写实习的缘由、实习单位和时间、背景，交代实习的目的，也可以顺便介绍实习生本人的情况。

（2）主体。主体内容包括以下几个方面：

一是实习的内容和过程。实习内容要求写得具体而明确，因为这部分内容既是整个实习报告的重要组成部分，也是产生实习收获和体会的基础。同时，对实习过程做简要交代即可。

二是实习收获。具体内容包括完成了哪些实习任务、实习结果如何、取得了什么成绩、专业知识与技能是否能与实习的内容相结合、是否适应实习环境等。

三是实习体会。具体内容包括自己的专业技能存在什么问题、今后的努力方向、对所学专业有何思考和认识、对专业课程设计和知识结构方面的建议等。

3. 结尾

结尾一般是对实习指导教师和实习单位的鸣谢。

（五）实习报告写作要求

（1）实习报告必须写自己的实习经历，可参考别人的资料，但不能抄袭。

（2）如有引用或从别处摘录的内容要标明出处。参考文献的标注方法一律采用文后注释，书写顺序为：如著作类：著者、书名、出版地、出版者、出版年、起止页码；如期刊类：作者、论文名、刊名、出版地、出版者、卷号或期号、起止页码。

（3）文章开头要有内容摘要和关键词。
（4）语言要求简练，符合公务文书的书写要求。

【例文】

银行实习报告

毕业实习是每个大学生走出校门前都要经历的一件事，它使我们在实践中了解社会，为大家正式走入社会打下基础，算是从学校到社会的过渡，并且，我们在课堂上学的理论也能应用于实践工作中。毕业实习，还会让我们学到了很多在课堂上根本就学不到的知识，受益匪浅，也打开了视野，增长了见识，为我们以后进一步走向社会打下坚实的基础。

这次实习的目的就是在正式走入社会工作之前对邮政储蓄银行各项业务工作能有一个大概的了解，为以后能更快的投入工作打好基础。怀着这个目的，在即将毕业前的一个多月里，我在中国邮政储蓄银行政和县支行进行毕业实习。

一、中国邮政储蓄银行简介

中国邮政银行自1986年4月1日恢复开办以来，经过21年的长足发展，已成为我国金融领域的一支重要力量，为支持国家经济建设、服务城乡居民生活做出了重大贡献。现已建成全国覆盖城乡网点面最广、交易额最多的个人金融服务网络：拥有储蓄营业网点3.6万个，汇兑营业网点4.5万个，国际汇款营业网点2万个。其中有近60%的储蓄网点和近70%的汇兑网点分布在农村地区，成为沟通城乡居民个人结算的主渠道。

截至2012年年底，全国邮政储蓄存款余额达到1.6万亿元，存款规模位列全国第五。持有邮政储蓄绿卡的客户超过1.4亿户，每年通过邮政储汇办理的个人结算金额超过2.1万亿元，其中，从城市汇往农村的资金达到1.3万亿元。在邮政储蓄投保的客户接近2 500万户，占整个银行保险市场的五分之一。邮政储蓄本外币资金自主运用规模已接近1万亿元。邮政储蓄计算机系统运行安全稳定，跨行交易成功率位居全国前列，交易差错率保持全国最低水平。

邮政储蓄注重开发多样化的金融产品，目前形成了以本外币储蓄存款为主体的负债业务；国内、国际汇兑、转账业务、银行卡、代理保险及证券、代收代付等多种形式的中间业务，以及银行间债券市场业务、大额协议存款、银团贷款和小额信贷为主渠道的资产业务。

中国邮政储蓄银行有限责任公司承继原国家邮政局、中国邮政集团公司经营的邮政金融业务及因此而形成的资产和负债，并将继续从事原经营范围和业务许可文件批准/核准的业务，继续使用原商标和咨询服务电话，各项业务照常进行，客户无需办理任何变更手续。

我的实习单位是中国邮政储蓄银行政和县支行。2011年5月28日，中国邮政储蓄银行政和县支行正式挂牌成立。目前，拥有邮政储蓄营业网点11个、汇兑营业网点13个、ATM机2台，并与全国3.6万个邮政储蓄网点实现互联互通。截至2011年6月，政和县邮政储蓄存款余额达3.6亿元，居民储蓄存款市场占有率为32.86%，拥有储蓄账户14.3万户、绿卡客户5.4万户以上。户籍人口21.97万人（××年末），账户持有率接近70%，绿卡持有率达25.6%。

二、实习过程

我的实习分别在两个部门、六个岗位上完成，其中要参加两个业务的学习。

第一个实习部门就是县支行中心营业网点。时间：1月16日至2月3日，由于营业网点对外性强，实习生没有工号，时间安排也很有限，缺少实际操作，只是对营业网点基本业务有了大概的了解。

第一个实习岗位就是综合柜员，主要是负责对普通柜员当日的各类帐务进行核对、监督、审查等非对外业务，以及特殊性柜面业务经办流程的解释、银行规章制度执行情况的检查监督等。因为只实习三天，我就学习了凭证整理，其他的都是看指导人员操作。

第二个实习岗位就是普通柜员，首先必须熟悉整个邮政储汇的操作系统，目前使用的是邮政储蓄统一版本。刚开始实习时，熟记主交易菜单的交易码，特别是日常的交易代码，如：活期存取款代码是010102、010103；卡存取款的代码是020111、020114；现金转账代码是010701；帐户到帐户转账代码是010702；等等。

普通柜员需要掌握的业务操作有：①存取款储蓄业务，邮政储蓄业务种类有：活期储蓄、定期储蓄、定活两便储蓄等；②汇兑转账业务，国内邮政汇兑业务品种主要有普通汇款、电报汇款、入账汇款等；③代理业务，业务品种主要有代理保险、代理国债、代收代付（代收电话费）等。

除此之外，这两天的实习工作还包括帮助客户复印身份证，通过联网核查公民身份信息系统核对公民身份信息。第二代身份证直接读取磁数据就可以了，第一代身份证需要手动输入。另外，还要学习点钞、捆钞。

第三个实习岗位就是对公业务，从2011年初开始，邮政储蓄银行在全国各地陆续进行了公司业务的试点工作。目前正进一步铺开业务，现有的业务主要有银行汇票、商业汇票、本票、支票、汇兑、委托收款、托收承付、商易通、pos结算等对公结算服务。在对业务的实习中，我主要负责代发工资报表的制作，由于重操旧业，很快上手，但也因粗心而把卡号少输了1位。

我去的第二个实习部门是稽核组。时间：2月4日至2月8日。主要实习岗位有业务会计、事后监督、汇储出纳。

第四个实习岗位是业务会计，指导我的人是×××，主要实习内容有以下几点：

（1）每天上班的第一项工作就是，当日资金使用预报，填报清算户与备付户金额，上午8:30之前必须上报省中心。如清算户余额不足，从备付户调拨，若备付户亦无足够金额，可从运用户调拨，需提前三天向省中心申请。很不好意思，在此次实习中，由于×××去福州学习一个星期，我替她的班，结果清算户透支了。

（2）上午上班需要查看是否有网点申请拨款，有则做下拨款操作；下午下班之前查看网点缴款情况，做收到缴款操作。最后打印出全日余额，与出纳核对无误，下班。

（3）打印历史报表，一般为前一营业日的，然后整理核对报表。这项工作很繁重、量很大，一上午打印机就没有停，下午就对各报表进行分类整理，刚开始实习就是从这个做起的。

（4）查看公司业务系统，及时处理各项对公来账业务。打印出来账登记，通过邮政储蓄统一版本，做入账操作，然后通知网点上账。

（5）各种款项划出操作，做好支票登记。

（6）查看300915现金分户，及时发现问题，查出问题所在，通知网点及时处理。在我替班期间发现一笔错误，有一笔30元的代收电话费没有上账。打印出前一日所有代收付金额，计算出各网点的交易额，通过数据集中系统，查询每个网点的交易明细，终于发现了是胜利网点漏了一笔30元的电话费没有上账。

（7）存款等其他业务。

第五个岗位是事后监督，对营业处及各网点的交易进行严格把关，是一项繁琐的"校对"工作，它意义重大——尤其体现在对潜在风险（如大额支付、可疑支付等）进行全面、系统的监督。相比之下，实时监控则体现出了防范风险的"时效性"。

（1）事后监督的操作。先按每日营业轧账单上登记的各类基本业务的交易总笔数、总金额分别与原始凭证进行校对，确认无误后，接着按照原始凭证的任意顺序，逐笔输入凭证打印的交易流水号和客户填写的交易金额，系统自动核对这两项内容，回显交易流水中的其他内容。如果发现了不相符的情况，则手工联动登记差错。监督内容有三个方面：

① 大额支付监督：a. 定活期开户无论金额多少都要监督，刚好赶上银行拿

到了社保项目，开户数都集中在四月，工作量很大；b. 存取款大于五万开始监督，存款达到20万、取款超过5万、本地转账超过5万、外地转账大于5 000，都要核查身份证。

②特殊交易监督：a. 挂失监督，有密码、存折、卡、卡和存折挂失；b. 客户资料变更监督，如更改姓名、证件号码等重要信息。

③凭证使用监督：各种凭证使用情况监督。

（2）监督大额可疑支付。对可疑支付交易的参数规定是：一日累计取款超过50万元；单个账户10天内集中（一次性）转入金额超过100万元并超过3次分散转（取）出。单个账户10天内累计现金支付超200万元，清户前10天发生过200万元现金收付。

（3）实名制核查。储户开户、挂失、大额存取款等都需要通过居民身份证核查网站进行身份证信息核实，由柜员操作，事后监督，经常有网点的定期开户没有核查。

以上都监督完就开始了盖章的工作，之后就是整理并装订。

第六个岗位是汇储出纳，主要负责的工作有：

（1）各项工作与业务会计相对应。

（2）到各营业网点送款、收款。

（3）至少2个出纳一起，在金库点钞、捆钞，而后入库或转存人行，最近人行已不再受理存款，实习所在支行现金存款由建行代理。点钞也是很有技巧的，刚开始没有掌握好，点钞机经常报警，熟能生巧，我很快就发现把钱略微松开就可很顺利地通过了。大家都以"数钱数到手抽筋"来祝福发财，然而第一天实习点钞，腰酸背痛，也才整理了三百万，挺失败的。

业务学习：关于pos消费机的学习和信用卡业务的学习，顺便也参加了单位关于深入学习实践科学发展观学习活动。

三、实习收获

（一）邮政储蓄银行的优势

（1）邮政储蓄银行将充分依托和发挥网络优势，完善城乡金融服务功能，以零售业务和中间业务为主，为城市社区和广大农村地区居民提供基础金融服务。截至××年底，全国邮政储蓄存款余额达到1.6万亿元，存款规模列全国第五位。持有邮政储蓄绿卡的客户超过1.4亿户，每年通过邮政储汇办理的个人结算金额超过2.1万亿元，其中，从城市汇往农村的资金达到1.3万亿元。投保的客户接近2 500万户，占整个银行保险市场的五分之一，本外币资金自主运用规模已接近 1 万亿元。

邮储银行将专门设立农村金融服务部门,积极完善网络服务功能,面向"三农"开展业务。考虑到邮政储蓄有 2/3 的网点分布在县及县以下农村地区,特别是在一些偏远地区,邮政储蓄是当地居民唯一可获得的金融服务,因此,从满足广大农村群众日益增长的基础金融需求、完善农村金融服务的角度出发,未来邮政储蓄银行的农村网点要从服务"三农"的大局着眼,农村网点要通过完善功能,充实业务;通过加强与政策性银行和农村合作金融机构的全面合作,进一步加大邮储资金支农力度,进一步扩大农村基础金融服务的覆盖面和满足度。

(2)中国邮政储蓄银行政和县支行,拥有邮政储蓄营业网点 11 个,其中城关 5 个网点、乡镇 6 个、汇兑营业网点 13 个、ATM 机 2 台,并与全国 3.6 万个邮政储蓄网点实现互联互通。截至 2011 年 6 月,政和县邮政储蓄存款余额达 3.6 亿元,居民储蓄存款市场占有率 32.86%,拥有储蓄账户 14.3 万户、绿卡客户 5.4 万户以上。户籍人口 21.97 万人(××年末),账户持有率接近 70%,绿卡持有率达 25.6%。本县有三家商业银行,其中建设银行 2 个网点、ATM 机 3 台;农业银行 3 个网点、ATM 机 3 台。邮政储蓄占据城关银行网点半壁江山,优势明显,乡镇更是毋庸置疑。

(二)面临的挑战

(1)历史上由于邮政储蓄长期作为邮政的一个内设机构进行经营管理,内部控制和风险防范机制相对薄弱,人才储备比较缺乏,这些都将对邮政储蓄银行的发展造成一定制约。邮政储蓄银行成立后,虽加强了专业化管理。在相当长一段时间内,这些问题仍将在不同程度上存在。我实习所在支行从业人员最高学历也只是大专,而且从业人员的业务水平比较低,经常碰到业务不会做的情况。

(2)邮政是最传统的服务行业,成立不久的邮政储蓄银行在提高服务质量、开拓服务领域等方面取得了明显成效。但应该看到,多年的垄断经营给这个行业养成的不良习气还在一定程度上存在。与其他商业银行相比,其服务意识和服务水平还有待提高。从业人员的业务水平较低,严重影响了服务质量。

(三)对邮政储蓄银行的建议

(1)金融企业要打好服务牌,必须有充足的人才保障。对于邮储银行来说,人才缺失的问题尤其突出。邮储从业人员管理能力弱和审贷经验不足的问题亟待解决。邮储银行人才问题的解决必须双管齐下。一方面,从外部引进,尤其对一些重要的关键岗位，这种方式虽成本高，但见效快；另一方面，通过各种业务培训以及利用远程教育、电视等现代化培训手段，提高现有人员的业务水平，并力争使之制度化、日常化。政和县支行每周二晚上的业务学习就是一个很好的方法，希望这个传统能一直延续下去，真正建立一家学习型银行。

（2）相对于其他金融机构来说，邮储银行在人员、产品、服务和硬件设施方面都还有所欠缺，但邮储银行网点多，机构遍布全国，市场需求大。由于目前大量中小城镇和农村还面临缺乏资金的局面，邮储银行只要树立为基层服务的战略思想和完整的战略规划，不要一味"向上看""向下看"同样能大有作为，找到很多盈利途径和盈利方式。

（3）突出重点，狠抓信贷资产质量。邮储银行在信贷资产质量方面是没有历史包袱的，完全可以轻装前进，但这并不意味着我们就可以高枕无忧、盲目乐观。相反，我们需要切实增强责任感、使命感和忧患意识，要防微杜渐。

（四）实习感想与收获

短短 40 多天的实习结束了，六个岗位的实习，三个字：相当累!我现在真实地感受到了银行的生活并不像我之前想象的那样，甚至截然不同。它是一个需要高度认真、需要超常的耐力、踏踏实实的工作态度、锲而不舍的精神的行业，对任何人来说它都是一种挑战。

我在实习过程中出现了 2 个小错误。一个是在做对公业务代发工资时把客户的卡号少输了 1 位。在学生处资助中心做了三年学生助理，一直负责审计学校勤工助学工资，对银行代发工资很熟悉，所以很快就上手了，也就犯了粗心的毛病。二是做业务会计岗时向人行存款多付了一笔手续费 5.5 元。

业务会计岗是我实习中最有挑战的岗位。带我的前辈只指导我四天就去福州学习了，银行里人员紧张，我就这样赶鸭子上阵了。繁多的交易代码需要记忆，七八个系统要去熟悉。庆幸的是，我比较顺利地完成了任务，虽然出了点小错误。

总的来说，在实习期间，虽然很辛苦，但是，在这艰苦的工作中，我却学到了不少东西，也受到了很大的启发。我明白，今后的工作还会遇到许多新的东西，这些东西会给我带来新的体验和新的体会。因此，我坚信：只要我用心去发掘，勇敢地去尝试，一定会有更大的收获和启发的，也只有这样才能为自己以后的工作和生活积累更多丰富的知识和宝贵的经验。

短暂的实习让我结识了很多朋友，每一位带我的指导人员都很细心。实习的最后一天还给我开了个饯别晚餐，我很感动，再次感谢你们。回首过去，看到那热情洋溢的一张张笑脸的时候，我知道我在银行里还有好多好多要学的，我的职业人生也将从邮政储蓄银行开始。

【评析】

　　这是一篇专业实习报告。介绍实习目的、实习内容条理清楚，数据资料真实、丰富，能根据实习情况对所学的专业知识和技能进行总结和思考，正视自己的不足，提出努力方向。由于实习内容比较充实、具体，因而文中的实习收获与体会能够令人信服，文章还能体现实习报告的专业性和检视性特点，是一份写得比较好的实习报告。

【拓展练习】

（一）判断题

1. 实习报告与社会实践活动报告是同一种文书。（　　　）
2. 实习报告不必对所学的专业提出有关建议。（　　　）
3. 实习报告是写专业实习情况的专业文书。（　　　）

（二）写作训练

　　请根据自己的实习经历，依照实习报告的结构、写法撰写一份实习报告。

第四节　求职信

【任务安排】

　　你是一名即将毕业的大学生，七月份踏入社会就业。请为自己写一份自荐材料（自荐书、个人简历等）。

【思维引导】

★　完成这份自荐材料需要做哪些准备？
★　应该怎么写才能使自己获得面试机会？
★　求职信的格式是什么？

【必备知识】

（一）求职信的含义和用途

　　求职信是使用书信格式写的职业申请书，主要目的是向对方表明你对用人单位正在招聘或可能招聘的某个职位感兴趣，陈述你的工作经历和经验，表述你适合某个职位的理由。

（二）求职信的分类

根据求职信的收信人特征，求职信分为两种类型：

1. 自荐信

自荐信是普发型求职信，即在不知道用人单位是否招聘员工的情况下，用于推销自己，以期获得某个职位的求职信。

2. 应聘信

求职者通过报刊、网络等途径获得用人单位的招聘信息，根据招聘条件和要求而撰写的，发给特定招聘单位的求职信。

（三）求职信的结构和写法

求职信的写作主要包括标题、称谓、问候语、正文、结尾、署名、日期、附件等。

1. 标题

居中写明"求职信"（或"自荐信""应聘信"）。

2. 称谓和问候语

求职信是写给用人单位的人事部门或单位负责人的，称谓要礼貌、得体。用人单位明确的，可直接写单位名称；在用人单位不明确的情况下，称谓可写"尊敬的人事部经理：您好""尊敬的领导：您好"等。

3. 正文

正文包括表态求职、自我推介、表示愿望及结束语四个部分：

（1）表态求职。自荐书一般是看到报上的招聘广告或听别人介绍后写的，所以应开门见山、直截了当地说明去信的目的，让对方了解写信人愿意从事什么工作，是否确系对方所需求的。

（2）自我推介。自我推介可包括以下内容：

① 概括介绍。即求职者介绍本人的姓名、性别、出生年月、所在学校、所学专业等。

② 重点介绍。求职者如果是刚毕业的学生，应重点介绍在校期间专业及成绩，尤其是与招聘单位对口或接近的专业成绩，介绍自己学习的深度和广度。如果是已参加工作者，则介绍自己的工作经历、在本岗位上的突出贡献，如参加过什么项目、研制过什么产品、解决过什么难题等。此外，还需适当展示自己的情商。

③ 表示愿望。说明自己对本工作的喜爱和迫切心情，再谈谈入选后的想法、

打算或计划，引起用人单位的关注。

④结束语。简单概括全文的内容，加深收信人的印象。这部分要写得客气有礼，如"静盼佳音""倘能录用，则感谢之至"等。

（3）致敬。自荐书的结尾大多使用较为亲近的、富人情味的话语。如"祝事业发达鹏程万里""此致敬礼"等。

4. 落款

落款写求职者的姓名、时间等，姓名一般要求手写。

【例文1】

求职信

尊敬的领导：

  您好！

  我是××大学土建专业的一名××级应届本科毕业生，得知贵公司正在招贤纳才，我真诚的来贵公司求职，希望为贵公司的发展壮大贡献我的才能和智慧。

  通过四年的学习，我基本掌握了道路桥梁施工和设计的基本知识，我的总成绩排在土建专业全年级第三名的位置。四年来自己勤奋、刻苦努力，各门功课尤其是专业课成绩都很优秀。我还顺利通过大学英语四级和六级考试，并且六级还取得了××分的好成绩，是我院唯一的六级成绩在80分以上者。我具有扎实的计算机基础知识，并能够熟练使用Fortran77、C语言等高级计算机程序设计语言编制程序和上机调试。200×年，通过了全国高等学校计算机考试（CCT），并获得"优秀"证书，同年还顺利通过国家二级考试。此外，我还学过一年的德语，具有初步会话的能力，为进一步发展提供了可能。

  在实践方面，我参加了为期一个月的军事训练，使我在组织性和纪律性方面上升到了一个新的层次。对于本专业安排的测量实习、道路勘测设计实习以及桥梁工程等各种实习，我都以认真严肃的态度对待，并取得了很好的成绩，为今后的实际工作奠定了实践性基础。此外，在假期期间我还担任家教工作，把所学知识做到融会贯通、教学合一。

  我衷心希望能成为贵单位的一员，期待您的回复，祝贵单位事业蒸蒸日上！

  此致

敬礼！

刘××谨上
××××年××月××日

联系地址：××大学土建专业××级××班
邮政编码：××××××
联系电话：××××××××××

【评析】

这是一封自荐信。信的内容首先介绍了自己的姓名、毕业院校和专业，以及四年专业学习情况和成绩，并结合专业介绍了自己参加的社会实践活动的情况，最后表达了自己热切的求职愿望。

【例文2】

求职信

尊敬的××移动公司领导：

您好！我是一名即将毕业的中山大学本科生，非常高兴在中华英才网、中国人才指南网和我们的校园网站上看到中国移动广东分公司的招聘信息，特别是看到广州和中山分公司都在其中，如果能在自己的家乡加入移动，对我这个喜爱移动、喜爱广州的人来说是绝妙的。

但是您一定有疑虑，因为我这个学旅游酒店管理的人却想应聘市场营销！关于这个问题，我想进行如下说明：

（1）在学科知识上我并不逊于市场营销专业毕业的学生。我们的专业除了学习市场营销的一系列课程外，还专注于消费者心理的研究，正如移动所说"沟通从心开始"，把握消费者心理对于营销策划更为重要。另外，我还广泛阅读了从《定位》到《忠诚的价值》等众多营销论著。

（2）市场营销中许多具有艺术性、技巧性和因地制宜的东西，都不是可以从书上学到的，大卫·奥格威在成为广告教父之前是一个被牛津退学的郁冈厨子，策划狂人史玉柱也不过是一个整天计算数学方程式的四眼学生。在这点上，我已经证明了我的天赋，我的营销案例分析课程是全院最高分95分，而且从简历中您能够看到，我曾经成功地参与了某企业的策划活动。

在广东移动的业务当中，我很中意12580移动秘书服务，我觉得这是一个设计得非常好的增值服务，工作人士以及像我们这样正在找工作的大学生就非常需要此项服务。最关键的问题是如何推广给顾客！假如我有幸能够加入移动，我会采取如下的方法进行推广：

（1）在大学校园设立咨询台进行推广。我们可以联系学校的就业辅导中心，强调我们这项服务可以帮助大学生不错过任何一家企业的面试通知，那么很可能学校会免费提供场地让我们做宣传。

（2）免费免操作为顾客提供半个月的12580移动秘书服务，所谓免操作，是指顾客不需要到营业厅办理，不需要自己打1860开通，也不需要设立密码，一切都和短信一样，是自行开通的。顾客对于任何一项服务都是非常非常怕麻烦的，所以我们要把服务做到0麻烦。当顾客已经习惯这项服务时，我们就可以要求顾客打电话开通此项业务了。

当然，目前我对于移动的业务完全是门外汉，您可能会对我的幼稚哑然失笑，不过，我只是想让您了解我对通讯业务的热情和喜爱。同时我相信自己能够为广东移动的壮大添砖加瓦，和全球通的新广告词一样，"我能"！

感谢您的阅读，衷心期待您的回复。同时祝您身体健康，一切顺意！

××大学郑明明

2015年9月1日

【评析】

（1）弥补申请人的不足。其实该职位并不限制专业，郑明明率先提出自己专业不对口这个"伪不足"，是为了制造一种后来者居上的感觉。意思是说，你看，我学的不是市场营销专业，但是我的知识结构和经验比那些专业对口的学生强多了。这是咱们中国人写作常用的手法，叫"先抑后扬"。

（2）强调申请人的优势。即使在简历中已经说过一次自己在营销课中获得95分高分，在推荐信中完全可以再强调一次。

（3）以模拟工作证明申请人的这些优点：善于思考+关注移动+对周围非常热诚。

【拓展练习】

请对以下这封求职信中的错误进行修改。

杰出电脑公司人事部经理：

您好！

在报纸里看到你们公司的招聘启事，我对营销主管一职很感兴趣。我现年24岁，今年毕业于北京外国语大学国际贸易系。大学期间，我的成绩非常好，每年都拿到了奖学金。业余时间，我还积极参加社会实践，暑假经常在一家贸易公司打工。还有，我一直对计算机感兴趣，曾参加过计算机课程的学习。

相信根据我的经验和努力，一定能给你们公司带来效益。希望你们给我这样的机会，如能被录用，我将非常感谢。我的电话是：××××××，电子邮箱是：××@hotmail.com，希望你们快点儿回复我。

信的后面有简历一份和复印好的获奖证书。

祝工作顺利！

海　涛
2010-12-6

第五节　劳动合同

【任务安排】

王明是某职业技术学院毕业生，经过努力，他在成都一家贸易公司找到工作。现公司通知王明尽快去签订劳动合同。王明第一次签订劳动合同非常紧张，不知道怎么签订才能保证自己的合法权利，请你指导王明同学模拟签订一份劳动合同。

【思维引导】

★ 劳动合同的格式是什么？

★ 劳动合同的必备条款有哪些？

★ 签订劳动合同应注意哪些事项？

【必备知识】

（一）劳动合同的含义和用途

劳动合同是劳动者与用人单位确立劳动关系、明确双方权利和义务的协议。建立劳动关系应当订立劳动合同。

我国《劳动合同法》第十条规定：建立劳动关系，应当订立书面劳动合同。已建立劳动关系，未同时订立书面劳动合同的，应当自用工之日起一个月内订立书面劳动合同。用人单位与劳动者在用工前订立劳动合同的，劳动关系自用工之日起建立。

（二）劳动合同的特点

1. 合法性

劳动合同必须依法以书面形式订立。做到主体合法、内容合法、形式合法、程序合法。只有合法的劳动合同才能产生相应的法律效力，任何一方面不符合法律的劳动合同都是无效合同，不受法律承认和保护。

2. 协商一致性

在合法的前提下，劳动合同的订立必须是劳动者与用人单位双方协商一致的结果，是双方"合意"的表现，不能是单方意思表示的结果。

3. 合同主体地位平等

在劳动合同的订立过程中，当事人双方的法律地位是平等的。劳动者与用人单位不因为各自性质的不同而处于不平等地位，任何一方不得对他方进行胁迫或强制命令，严禁用人单位对劳动者横加限制或强迫命令的情况。只有真正做到地位平等，才能使所订立的劳动合同具有公正性。

（三）劳动合同的分类

劳动合同按其目的和期限的不同可分为多种类型。

1. 按目的分

劳动合同可分为录用合同、聘用合同、借调合同、内部上岗合同、培训合同等。

2. 按期限分

劳动合同可分为固定期限劳动合同、无固定期限劳动合同和以完成一定工作任务为期限的劳动合同等。

（四）劳动合同的结构和模式

劳动合同一般由标题、订立劳动合同的各方名称或姓名、正文和落款四部分构成。

1. 标题

劳动合同一般有三种常见的标题类型：

第一种是单位性质加文种，如《事业单位劳动合同》。

第二种是省市名称加单位性质加文种，如《上海市建筑企业劳动合同》。

第三种是由文种单独构成，或在其后加"书"字，如《劳动合同书》。

2. 订立劳动合同的各方名称或姓名

在标题之下，写明订立劳动合同各方名称。用人单位一方需写明单位名称、注册地址、经营地址、法人代表的姓名和职务等；劳动者一方需写明当事人姓名、性别、居民身份证号码、出生年月日、家庭住址等。为行文方便，合同双方可称甲方、乙方，既可纵写，也可以横写。

3. 正文

劳动合同的正文一般由前言、主体和附则三部分组成。

（1）前言。简述双方签订合同的依据或目的，以及双方协商的过程。通常采用"甲乙双方根据《中华人民共和国劳动法》及有关劳动保障法规，本着平等自愿、协商一致的原则，签订本合同，以资共同恪守"句子模型表述。

（2）主体。根据我国《劳动合同法》第十七条规定，劳动合同应当具备以下基本条款：

用人单位的名称、住所和法定代表人或者主要负责人；

劳动者的姓名、住址和居民身份证或者其他有效身份证件号码；

劳动合同期限；

工作内容和工作地点；

工作时间和休息休假；

劳动报酬；

社会保险；

劳动保护、劳动条件和职业危害防护；

法律、法规规定应当纳入劳动合同的其他事项。

除了《劳动合同法》规定的必备条款外，用人单位与劳动者还可以在双方协商一致的基础上，在不违反法律规定的前提下，就试用期、培训、保守秘密、补充保险和福利待遇等事项进行自主约定。

（3）附则。注明合同的份数和保存方式。一般写作"本劳动合同一式×份，×方、×方各持×份"。

4. 落款

（1）署名。在正文之下并列写明用人单位名称、法定代表人姓名、劳动者姓名，并签名盖章。如需上级主管单位证明或有签证机关证明，还应写明其机关名称、意见、经办人等，并加盖公章。

（2）日期。在署名之下注明劳动合同签订日期，这关系到合同的效力，必须写清楚具体的年、月、日。

【例文】

编号

劳动合同书

甲方（用人单位）名称：

住所：

法定代表人（委托代理人）：

联系电话：

乙方（劳动者）姓名：

性别：

住址：

居民身份证号码：

联系电话：

甲乙双方根据《中华人民共和国劳动合同法》等法律、法规、规章的规定，在平等自愿、协商一致的基础上，同意订立本劳动合同，共同遵守本合同所列条款。

一、合同类型和期限

第一条 甲、乙双方选择以下第____种形式确定本合同期限：

（1）固定期限。自____年____月____日起至____年____月____日止。

（2）无固定期限：自____年____月____日起至法定的终止条件出现时止。

（3）以完成一定的工作（任务）为期限。自____年____月____日至工作（任务）完成时即行终止。

双方约定的试用期至____年____月____日止，期限为____月。

二、工作内容和工作地点

第二条 双人协商一致，乙方同意从事____（岗位或工种）工作，工作地点在____市____县（区）。经甲、乙双方协商同意，可以变更工作地点和工作岗位（工种）。

第三条 乙方应按照甲方的要求，按时完成规定的工作数量，达到规定的质量标准。

三、工作时间和休息休假

第四条 甲方安排乙方执行以下第____种工时制度。

（1）实行标准工时工作制。乙方每日工作时间不超过 8 小时，每周不超过 40 小时。甲方由于工作需要，经与工会和乙方协商后可以延长工作时间，一般每日不得超过 1 小时，因特殊原因需要延长工作时间的，在保障乙方身体健康的条件下延长工作时间每日不得超过 3 小时，每月不得超过 36 小时。

（2）实行综合计算工时工作制。乙方在合同期内实行集中工作、集中休息，以劳动行政部门批准的周期（周、月、季或年）综合计算工作时间，综合计算后超出法定标准工作时间的，甲方应按延长工作时间的规定支付乙方延长工作时间工资。

（3）实行不定时工作制。实行综合计算工时工作制和不定时工作制的，应当事先报经劳动行政部门批准，甲方对乙方可实行相对集中工作、集中休息、轮休调休、弹性工作等方式。

第五条　乙方在合同期内享有国家规定以及本企业安排的各项休息、休假的权利。

四、劳动报酬

第六条　双方确定乙方实行以下第____种工资形式：

（1）实行月（周、日、小时）工资制。乙方月（周、日、小时）工资为____元，其中试用期间工资为____元。

（2）实行计件工资制。计件单价为____元。

（3）按甲方依法制定的工资支付制度执行。

第七条　甲方应以法定货币形式于每月____日前支付乙方工资，并不得克扣或拖欠。同时，甲方应书面记录支付乙方工资的时间、数额、工作天数、签字等情况，并向乙方提供工资清单备查。

甲方应在经济效益增长的同时，适当调整乙方工资标准。甲方支付乙方的工资不得违反国家有关最低工资的规定。

第八条　甲方安排乙方延长日工作时间，应支付不低于乙方工资150%的工资报酬；安排乙方在休息日工作又不能安排补休的，应支付不低于乙方工资200%的工资报酬；安排乙方在法定休假日工作的，应支付不低于乙方工资300%的工资报酬。

第九条　因甲方原因或其他不可抗力造成甲方停工、停产、歇业，未超过一个工资支付周期的，甲方应按本合同约定的工资标准支付乙方工资；超过一个工资支付周期的，若乙方提供了正常劳动，则支付给乙方的劳动报酬不得低于当地政府公布的最低工资标准。

第十条　乙方依法享受带薪年休假、探亲假、婚假、丧假、计划生育（产）假等假期期间，甲方应按国家和四川省有关规定的标准，支付乙方工资。

五、社会保险

第十一条　甲方应按国家和四川省有关社会保险的法律、法规和政策规定为乙方足额缴纳基本养老、基本医疗、失业、工伤、生育保险费用；社会保险费个人缴纳部分，甲方可从乙方工资中代扣代缴。

六、劳动保护、劳动条件和职业危害防护

第十二条　甲方应严格执行国家和四川省有关劳动保护的法律、法规和规章，为乙方提供必要的劳动条件，建立健全工作规范和劳动安全卫生制度。

第十三条　对乙方从事接触职业病危害作业的，甲方应按国家有关规定组织上岗前和离岗时的职业健康检查，在合同期内应定期对乙方进行职业健康检查。

第十四条　甲方有义务负责对乙方进行业务技术、劳动安全卫生及有关规章制度的教育和培训。

第十五条　乙方有权拒绝甲方的违章指挥和强令冒险作业，对甲方及其管理人员漠视乙方生命安全和身体健康的行为，有权提出批评并向有关部门检举控告。

七、劳动合同的变更、解除、终止和经济补偿

第十六条　经双方协商一致，可以变更本合同相关内容或解除本合同。符合解除劳动合同的情形出现，甲方和乙方均可依照《劳动合同法》的规定解除劳动合同。

第十七条　《劳动合同法》等法律法规规定的劳动合同终止情形出现，本合同即行终止。

第十八条　甲方应当在解除和终止劳动合同时，为乙方出具解除或者终止劳动合同的证明，并在十五日内为乙方办理档案和社会保险转移手续。

第十九条　符合《劳动合同法》第四十六条规定情形的，甲方应当向乙方支付经济补偿。逾期不支付的，甲方应按照应付金额的百分之五十以上百分之一百以下的标准向乙方加付赔偿金。

第二十条　甲方违法解除和终止本合同，乙方要求继续履行合同的，甲方应当继续履行，乙方不要求继续履行劳动合同或者劳动合同已经不能继续履行的，甲方应按《劳动合同法》规定的经济补偿金标准的两倍向乙方支付赔偿金。

八、其他

第二十一条　乙方违反甲方规章制度，对甲方造成损失的，应承担相应责任。

第二十一条　双方协商签订的以下协议作为本合同的附件。

（1）培训协议。

（2）保密协议。

（3）岗位协议。

（4）其他协议。

第二十三条　双方协商一致约定的其他内容：

第二十四条　本合同未尽事宜，双方可协商解决；与今后国家法律、行政法规等有关规定相悖的，按有关规定执行。

第二十五条　双方因履行本合同发生争议，当事人可以向甲方劳动争议调解委员会申请调解；调解不成的，可以向劳动争议仲裁委员会申请仲裁。当事

人一方也可以直接向劳动争议仲裁委员会申请仲裁。

第二十六条 本合同一式两份,甲乙双方各执一份。

甲方:(盖章) 法定代表人或(委托代理人): (签名) 年　　月　　日	乙方:(签名) 年　　月　　日

(五)劳动合同签订的注意事项

1. 劳动合同的签订方式

用人单位和劳动者签订劳动合同,必须订立书面劳动合同。订立劳动合同,可以有三种方式选择:

(1)用人单位在用工之前和劳动者签订好劳动合同。

(2)用人单位在用工的同时和劳动者签订劳动合同。

(3)用人单位自用工之日起一个月内和劳动者签订劳动合同。

2. 无效的劳动合同

劳动合同法规定,下列劳动合同无效或者部分无效:

(1)以欺诈、胁迫的手段或者乘人之危,使对方在违背真实意愿的情况下订立或者变更劳动合同的。

(2)用人单位免除自己的法定责任、排除劳动者权利的。

(3)违反法律、行政法规强制性规定的。

劳动合同部分无效,不影响其他部分效力的,其他部分仍然有效。

3. 劳动合同试用期的规定

劳动合同期限三个月以上不满一年的,试用期不得超过一个月;劳动合同期限一年以上不满三年的,试用期不得超过二个月;三年以上固定期限和无固定期限的劳动合同,试用期不得超过六个月。

同一用人单位与同一劳动者只能约定一次试用期。

4. 劳动者如何解除劳动关系

根据《劳动合同法》第三十六条:用人单位与劳动者协商一致,可以解除劳动合同。

根据《劳动合同法》第三十七条：劳动者提前三十日以书面形式通知用人单位，可以解除劳动合同。劳动者在试用期内提前三日通知用人单位，可以解除劳动合同。

根据《劳动合同法》第三十八条：用人单位有下列情形之一的，劳动者可以解除劳动合同：

（1）未按照劳动合同约定提供劳动保护或者劳动条件的；
（2）未及时足额支付劳动报酬的；
（3）未依法为劳动者缴纳社会保险费的；
（4）用人单位的规章制度违反法律、法规的规定，损害劳动者权益的；
（5）因本法第二十六条第一款规定的情形致使劳动合同无效的；
（6）法律、行政法规规定劳动者可以解除劳动合同的其他情形。

用人单位以暴力、威胁或者非法限制人身自由的手段强迫劳动者劳动的，或者用人单位违章指挥、强令冒险作业危及劳动者人身安全的，劳动者可以立即解除劳动合同，不需事先告知用人单位。

5. 其他注意事项（建议详细阅读《中华人民共和国劳动合同法》）

【拓展练习】

（一）简答题

签订劳动合同的注意事项有哪些？

（二）案例分析

1. 2014年7月，李先生大学毕业后应聘至成都某科技有限公司，并与公司签订了书面劳动合同。合同期限为3年，自2014年8月1日起至2017年7月31日止，其中试用期6个月，试用期内工资为1 200元/月，转正后工资为3 500元/月。请问这份劳动合同是否合乎劳动合同法的规定？

2. 王华同学毕业后与一家公司约定了2年的合同期，试用期1个月，并约定：员工如果提前解除合同，必须提前30天提出，否则自上个月计算工资之日起，至员工离开公司之日期间的工资不予发放。一周后王华想离开公司，他不知是否要提前30天告知公司？否则公司是否有权扣发工资？

第三章　党政机关公文

【本章导读】

党政机关公文是全国各级党政机关、法定组织和单位处理公务的一种重要工具，它不同于文学作品和一般的应用文书，它的作者、文本格式、处理工作等都是特定的。学习党政机关公文，是为了适应工作需要，推进党政机关公文处理工作科学化、制度化、规范化，维护公文法定地位，提高工作效率。要写出规范的公文，就应当掌握公文的概念、种类、特点、格式和行文规则等。

第一节　党政机关公文概述

【任务安排】

张娇大学读的是物流管理专业，毕业后被一家公司招聘为仓储管理员。由于公司没有专职文员，一时也没有找到掌握党政机关公文基本知识且文笔见长的员工，因此起草公文的事需要交给新入职的张娇来做。

【思维引导】

★ 张娇应该如何适应新的工作安排？
★ 党政机关公文的基本知识有哪些？

【必备知识】

（一）党政机关公文的含义

中共中央办公厅、国务院办公厅关于印发《党政机关公文处理工作条例》的通知（中办发〔2012〕14号）指出，党政机关公文是党政机关实施领导、履行职能、处理公务的具有特定效力和规范体式的文书，是传达贯彻党和国家方针政策，公布法规和规章，指导、布置和商洽工作，请示和答复问题，报告、通报和交流情况等的重要工具。

【例文】

四川省人民政府
关于追授王川、李志强、曾德林同志
"四川省人民满意的公务员"荣誉称号的决定

川府发〔2016〕25号

各市（州）、县（市、区）人民政府，省政府各部门、各直属机构，有关单位：

近年来，全省广大公务员按照党中央、国务院和省委、省政府脱贫攻坚决策部署，深入贯彻落实习近平总书记系列重要讲话精神，吃苦耐劳、敢于担当、开拓进取、无私奉献，涌现出一大批贡献突出、群众认可、事迹感人的先进典型。我省交通运输系统的王川、李志强、曾德林3名同志就是其中的杰出代表。

2016年3月8日，王川、李志强、曾德林等同志在踏勘小凉山精准扶贫交通项目——峨（边）马（边）路，途经沙腔乡S103线K326+400m处时，突遇道路边岩意外崩塌，不幸因公殉职。

王川，男，汉族，中共党员，大学学历，河北鸡泽人，1963年3月出生，1981年10月参加工作，生前任乐山市交通运输委员会党组成员，市公路管理局党委书记、局长。该同志信仰坚定，对党忠诚，兢兢业业，勤政务实，从公路养护总段的普通干部到全市公路建设的指挥员，一心扑在交通事业上，心系群众，勇于担当，勤政务实，取得突出成绩。先后参与了乐山市金口河区5.0级地震救援通道S306线塌方处置和乐山市暴雪天气道路交通保障等工作，为夺取抢险救灾工作胜利奠定了坚实基础；带领乐山市交通运输部门全力推动乐山市农村公路建设，全市211个乡镇、2042个行政村全部通公路，在全省名列前茅。个人年度考核连续5年被评为优秀，荣立三等功1次，树立了新时期交通干部的良好形象。

李志强，男，汉族，中共党员，研究生学历，河北乐亭人，1982年2月出生，2009年7月参加工作。生前为交通运输厅下派到马边彝族自治县的扶贫干部。该同志2015年3月进入交通运输厅公路局工作。2016年2月，主动申请到马边彝族自治县对口扶贫，不到一个月时间，走访了3/4的乡镇，行程2000多公里，实地踏勘该县道路交通状况，完善全县交通运输发展规划，全心全意为该县交通事业发展出谋划策、争取支持，受到了组织的充分肯定和群众的普遍赞誉。

曾德林同志，男，汉族，中共党员，大学本科学历，重庆合川人，1986年8月出生，2009年作为大学生西部志愿者到马边彝族自治县工作，2014年5月考录为公务员，生前任马边彝族自治县交通运输局科员。该同志作风务实，专业素质强，在白天忙碌于工程一线、晚上熬夜加班的情况下，自学获得了西南交大路桥专业本科学历和公路专业二级建造师执行资格；工作认真负责，在担任该县公路"安保工程"指挥长时，坚持原则，婉拒各种诱惑，对工程质量严格把关，确保建成优质工程、放心工程。他将自己一生的志愿定格在彝乡，把青春和热血奉献给了马边交通事业。

王川、李志强、曾德林同志将生命献给了小凉山彝区脱贫攻坚伟大事业，体现了人民公仆一心为公、造福于民的责任担当，堪称公务员队伍中的骄傲和楷模。为表彰先进，弘扬正气，激励全省广大公务员胸怀理想、开拓奋进，坚定信念，求真务实，牢记宗旨、为民奉献，省政府决定，追授王川、李志强、曾德林同志"四川省人民满意的公务员"荣誉称号。

全省广大公务员要以王川、李志强、曾德林同志为榜样，学习他们信念坚定、忠于职守的政治品质；学习他们敢于担当、攻坚克难的优良作风；学习他们无私奉献、一心为民的公仆情怀，认真贯彻党中央、国务院脱贫攻坚的决策部署，按照省委、省政府确定的目标任务，扎实工作，开拓奋进，精准发力，苦干实干，坚决打赢脱贫攻坚战，为全面建成小康社会而努力奋斗！

四川省人民政府
2016 年 5 月 20 日

（二）党政机关公文的种类

党政机关公文通常按党政机关公文的适用事项或行文方向进行分类。

1. 按照适用事项划分，党政机关公文共有15种

（1）决议。适用于会议讨论通过的重大决策事项。

（2）决定。适用于对重要事项作出决策和部署、奖惩有关单位和人员、变更或者撤销下级机关不适当的决定事项。

（3）命令（令）。适用于公布行政法规和规章、宣布施行重大强制性措施、批准授予和晋升衔级、嘉奖有关单位和人员。

（4）公报。适用于公布重要决定或者重大事项。

（5）公告。适用于向国内外宣布重要事项或者法定事项。

（6）通告。适用于在一定范围内公布应当遵守或者周知的事项。

（7）意见。适用于对重要问题提出见解和处理办法。

（8）通知。适用于发布、传达要求下级机关执行和有关单位周知或者执行的事项，批转、转发公文。

（9）通报。适用于表彰先进、批评错误、传达重要精神和告知重要情况。

（10）报告。适用于向上级机关汇报工作、反映情况，回复上级机关的询问。

（11）请示。适用于向上级机关请求指示、批准。

（12）批复。适用于答复下级机关请示事项。

（13）议案。适用于各级人民政府按照法律程序向同级人民代表大会或者人民代表大会常务委员会提请审议事项。

（14）函。适用于不相隶属机关之间商洽工作、询问和答复问题、请求批准和答复审批事项。

（15）会议纪要。适用于记载会议主要情况和议定事项。

2. 按照行文方向划分，党政机关公文可以分为上行文、下行文和平行文

行文方向是以发文机关为立足点，公文向不同机关运行的去向

（1）上行文。下级机关向上级机关报送的公文，如报告、请示等。

（2）下行文。上级机关向下级机关发送的公文，如命令（令）、决定、通知、通报、批复等。

（3）平行文。同级机关或不相隶属机关之间往来的公文，如函。

有的公文在行文方向上比较灵活，如会议纪要和意见等，这种公文可上行、下行和平行。函一般是平行文，但有时也可以用于上下级之间询问和答复问题。

（三）党政机关公文的特点

1. 政治性

党政机关公文的内容必然同党和国家的方针、政策密切联系，体现着发文机关的意志，具有鲜明的政治色彩。

2. 法定性

党政机关公文的制发不是个人的随意行为，其作者必须是依法成立并能以自己名义行使职权和承担义务的国家机构或其他社会组织，公文必须以这些机构、组织或其法定代表人的名义制发。我国《刑法》第二百八十条："伪造、变造、买卖或者盗窃、抢夺、毁灭国家机关的公文、证件、印章的，处三年以下有期徒刑、拘役、管制或者剥夺政治权利，并处罚金；情节严重的，处三年以上十年以下有期徒刑，并处罚金。"这充分说明了法定作者的名义不容侵犯。

3. 规范性

为了维护公文的法定效力和机关的权威性，提高处理公文的工作效率，党政机关公文从用纸、排版、装订到文种类别、拟制、办理和管理等，都必须遵循《党政机关公文处理工作条例》和《党政机关公文格式》国家标准的统一规范要求。

4. 强制性

党政机关公文产生于现行公务活动中，一旦生效便会对特定的对象产生法律法规所规定的不同程度的强制性影响。

（四）党政机关公文的格式

我国国家质量监督检验检疫总局和国家标准化管理委员会于 2012 年 6 月 29 日，发布了 GB/T9704—2012《党政机关公文格式》国家标准，该标准已于 2012 年 7 月 1 日起实施。该标准适用于各级党政机关制发的公文，其他机关和单位的公文可以参照执行。《党政机关公文格式》规定了党政机关公文通用的纸张要求、排版和印制装订要求、公文格式各要素的编排规则，并给出了公文的式样。下面，对公文格式各要素编排规则进行介绍。

《党政机关公文格式》将版心内的公文格式各要素划分为版头、主体、版记三部分。公文首页红色分隔线以上（含红色分隔线）的部分称为版头；公文首页红色分隔线（不含）以下、公文末页首条分隔线（不含）以上的部分称为主体；公文末页首条分隔线以下（含首条分隔线）、末条分隔线以上（含末条分隔线）的部分称为版记。页码位于版心外。

1. 版头

版头中的格式要素包括：份号、密级和保密期限、紧急程度、发文机关标识、发文字号、签发人、版头中的分隔线。文面形式参见图 3-1、图 3-2、图 3-3。

（1）份号。公文印制份数的顺序号。涉密公文应当标注份号。份号一般用 6 位 3 号阿拉伯数字，顶格编排在版心左上角第一行。

（2）密级和保密期限。涉密公文应当根据涉密程度分别标注"绝密""机密""秘密"和保密期限。密级和保密期限，一般用 3 号黑体字，顶格编排在版心左上角第二行；保密期限中的数字用阿拉伯数字标注。

（3）紧急程度。公文送达和办理的时限要求。根据紧急程度，紧急公文应当分别标注"特急""加急"，电报应当分别标注"特急""加急""平急"。紧急程度，一般用 3 号黑体字，顶格编排在版心左上角；如需同时标注份号、密级和保密期限、紧急程度，按照份号、密级和保密期限、紧急程度的顺序自上而下分行排列。

（4）发文机关标识。由发文机关全称或者规范化简称加"文件"二字组成，也可以仅使用发文机关全称或者规范化简称。联合行文时，发文机关标识可以并用联合发文机关名称，也可以单独用主办机关名称。发文机关标识居中排列，上边缘至版心上边缘为 35mm，推荐使用小标宋体字，颜色为红色，以醒目、美观、庄重为原则。

联合行文时，如需同时标注联署发文机关名称，一般应当将主办机关名称排列在前；如有"文件"二字，应当置于发文机关名称右侧，以联署发文机关名称为准上下居中排列。

（5）发文字号。由发文机关代字、年份、发文顺序号组成。联合行文时，使用主办机关的发文字号。发文字号编排在发文机关标志下空二行位置，居中排列。年份、发文顺序号用阿拉伯数字标注；年份应标全称，用六角括号"〔〕"括入；发文顺序号不加"第"字，不编虚位（即1不编为01），在阿拉伯数字后加"号"字。

上行文的发文字号居左空一字编排，与最后一个签发人姓名处在同一行。

（6）签发人。上行文应当标注签发人姓名。由"签发人"三字加全角冒号和签发人姓名组成，居右空一字，编排在发文机关标识下空两行位置。"签发人"三字用3号仿宋体字，签发人姓名用3号楷体字。

如有多个签发人，签发人姓名按照发文机关的排列顺序从左到右、自上而下依次均匀编排，一般每行排两个姓名，回行时与上一行第一个签发人姓名对齐。

（7）版头中的分隔线。发文字号之下4mm处居中印一条与版心等宽的红色分隔线。

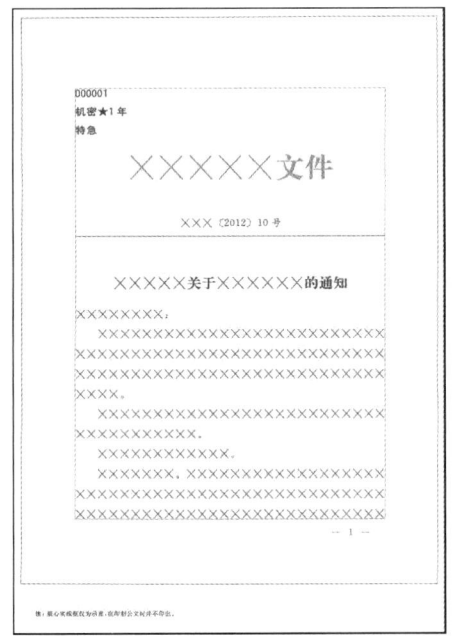

图 3-1

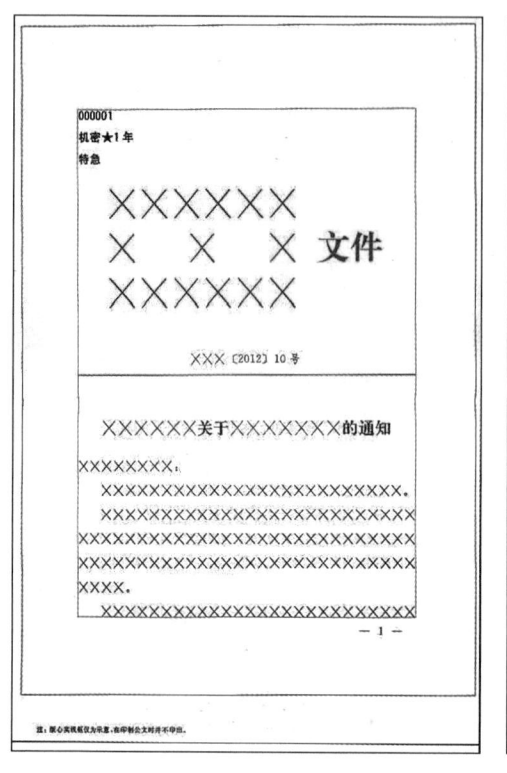
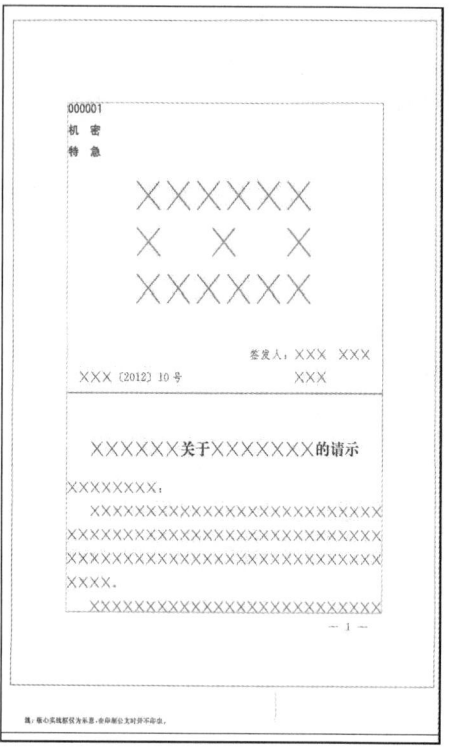

图 3-2　　　　　　　　　　图 3-3

2. 主体

主体中的格式要素包括：标题、主送机关、正文、附件说明、发文机关署名、成文日期、印章、附注、附件。文面形式参见图 3-1 至图 3-8。

（1）标题。由发文机关名称、事由和文种组成。一般用 2 号小标宋体字，编排于红色分隔线下空二行位置，分一行或多行居中排列；回行时，要做到词意完整，排列对称，长短适宜，间距恰当，标题排列应当使用梯形或菱形。

（2）主送机关。公文的主要受理机关，应当使用机关全称、规范化简称或者同类型机关统称。主送机关编排于标题下空一行位置，居左顶格，回行时仍顶格，最后一个机关名称后标全角冒号。如主送机关名称过多导致公文首页不能显示正文时，应当将主送机关名称移至版记。

（3）正文。公文的主体，用来表述公文的内容。公文首页必须显示正文。一般用 3 号仿宋体字，编排于主送机关名称下一行，每个自然段左空二字，回行顶格。文中结构层次序数依次可以用"一、""（一）""1.""（1）"标注；一般第一层用黑体字、第二层用楷体字、第三层和第四层用仿宋体字标注。

（4）附件说明。如有附件，在正文下空一行左空二字编排"附件"二字，后标全角冒号和附件名称。如有多个附件，使用阿拉伯数字标注附件顺序号（如"附件：1.××××"）；附件名称后不加标点符号。附件名称较长需回行时，应当与上一行附件名称的首字对齐。

（5）发文机关署名、成文日期和印章。发文机关署名，署发文机关全称或者规范化简称。成文日期，署会议通过或者发文机关负责人签发的日期。联合行文时，署最后签发机关负责人签发的日期。印章，公文中有发文机关署名的，应当加盖发文机关印章，并与署名机关相符。有特定发文机关标志的普发性公文和电报可以不加盖印章。

加盖印章的公文，成文日期一般右空四字编排，印章用红色，不得出现空白印章。

单一机关行文时，一般在成文日期之上、以成文日期为准居中编排发文机关署名，印章端正、居中下压发文机关署名和成文日期，使发文机关署名和成文日期居印章中心偏下位置，印章顶端应当上距正文（或附件说明）一行之内。

联合行文时，一般将各发文机关署名按照发文机关顺序整齐排列在相应位置，并将印章一一对应、端正、居中下压发文机关署名，最后一个印章端正、居中下压发文机关署名和成文日期，印章之间排列整齐、互不相交或相切，每排印章两端不得超出版心，首排印章顶端应当上距正文（或附件说明）一行之内。

不加盖印章的公文，单一机关行文时，在正文（或附件说明）下空一行右空二字编排发文机关署名，在发文机关署名下一行编排成文日期，首字比发文机关署名首字右移二字，如成文日期长于发文机关署名，应当使成文日期右空二字编排，并相应增加发文机关署名右空字数。联合行文时，应当先编排主办机关署名，其余发文机关署名依次向下编排。

成文日期中的数字用阿拉伯数字将年、月、日标全，年份应标全称，月、日不编虚位（即1不编为01）。

（6）附注。公文印发传达范围等需要说明的事项。如有附注，居左空二字加圆括号编排在成文日期下一行。

（7）附件。公文正文的说明、补充或者参考资料。附件应当另面编排，并在版记之前，与公文正文一起装订。"附件"二字及附件顺序号用3号黑体字顶格编排在版心左上角第一行。附件标题居中编排在版心第三行。附件顺序号和附件标题应当与附件说明的表述一致。附件格式要求同正文。

如附件与正文不能一起装订，应当在附件左上角第一行顶格编排公文的发文字号，并在其后标注"附件"二字及附件顺序号。

3. 版记

版记中的格式要素包括：版记中的分隔线、抄送机关、印发机关和印发日期。文面形式参见图3-4。

（1）版记中的分隔线。版记中的分隔线与版心等宽，首条分隔线和末条分隔线用粗线（推荐高度为0.35mm），中间的分隔线用细线（推荐高度为0.25mm）。首条分隔线位于版记中第一个要素之上，末条分隔线与公文最后一面的版心下边缘重合。

（2）抄送机关。对于除主送机关外需要执行或者知晓公文内容的其他机关，应当使用机关全称、规范化简称或者同类型机关统称。如有抄送机关，一般用4号仿宋体字，在印发机关和印发日期之上一行、左右各空一字编排。"抄送"二字后加全角冒号和抄送机关名称，回行时与冒号后的首字对齐，最后一个抄送机关名称后标句号。

如需把主送机关移至版记，除将"抄送"二字改为"主送"外，编排方法同抄送机关。既有主送机关又有抄送机关时，应当将主送机关置于抄送机关之上一行，之间不加分隔线。

（3）印发机关和印发日期。公文的送印机关和送印日期。印发机关和印发日期一般用4号仿宋体字，编排在末条分隔线之上，印发机关左空一字，印发日期右空一字，用阿拉伯数字将年、月、日标全，年份应标全称，月、日不编虚位（即1不编为01），后加"印发"二字。

版记中如有其他要素，应当将其与印发机关和印发日期用一条细分隔线隔开。

4. 页码

页码即公文页数顺序号。一般用4号半角宋体阿拉伯数字，编排在公文版心下边缘之下，数字左右各放一条一字线；一字线上距版心下边缘7 mm。单页码居右空一字，双页码居左空一字。公文的版记页前有空白页的，空白页和版记页均不编排页码。公文的附件与正文一起装订时，页码应当连续编排。文面形式参见图3-1、图3-4。

图 3-4

图 3-5

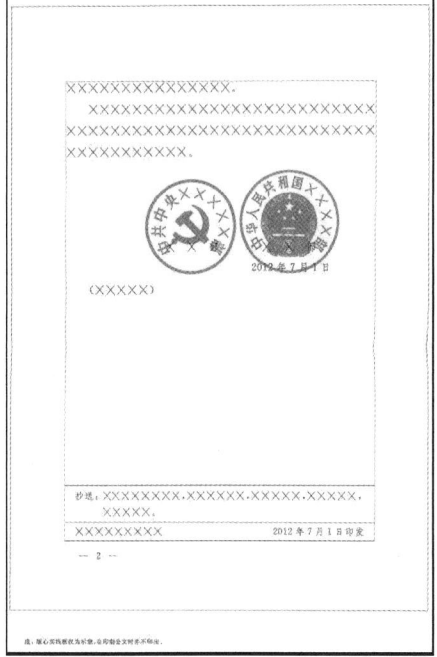

图 3-6

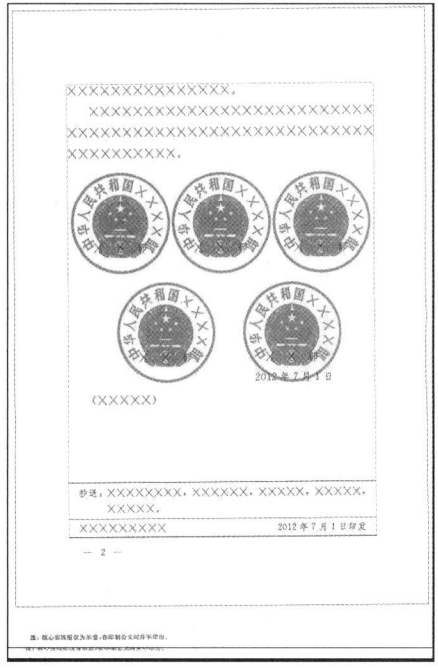

图 3-7

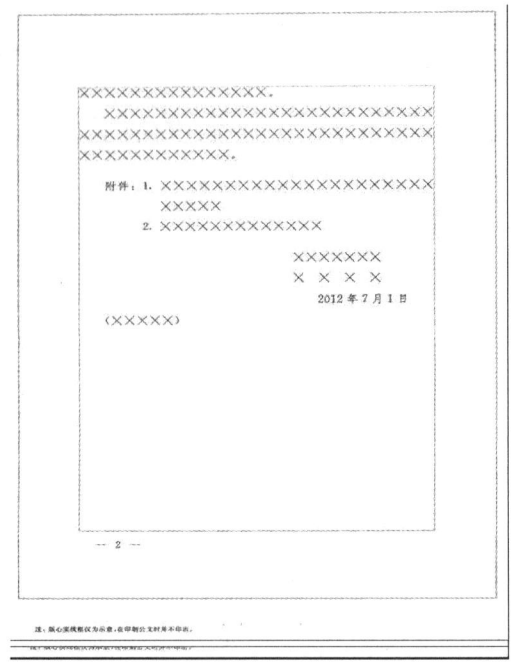

图 3-8

（五）党政机关公文行文规则

第一，行文应当确有必要，讲求实效，注重针对性和可操作性。

第二，行文关系根据隶属关系和职权范围确定。一般不得越级行文，特殊情况需要越级行文的，应当同时抄送被越过的机关。

第三，向上级机关行文，应当遵循以下规则：

（1）原则上主送一个上级机关，根据需要同时抄送相关上级机关和同级机关，不抄送下级机关。

（2）党委、政府的部门向上级主管部门请示、报告重大事项，应当经本级党委、政府同意或者授权；属于部门职权范围内的事项应当直接报送上级主管部门。

（3）下级机关的请示事项，如需以本机关名义向上级机关请示，应当提出倾向性意见后上报，不得原文转报上级机关。

（4）请示应当一文一事。不得在报告等非请示性公文中夹带请示事项。

（5）除上级机关负责人直接交办事项外，不得以本机关名义向上级机关负责人报送公文，不得以本机关负责人名义向上级机关报送公文。

（6）受双重领导的机关向一个上级机关行文，必要时抄送另一个上级机关。

第四，向下级机关行文，应当遵循以下规则：

（1）主送受理机关，根据需要抄送相关机关。重要行文应当同时抄送发文机关的直接上级机关。

（2）党委、政府的办公厅（室）根据本级党委、政府授权，可以向下级党委、政府行文，其他部门和单位不得向下级党委、政府发布指令性公文或者在公文中向下级党委、政府提出指令性要求。需经政府审批的具体事项，经政府同意后可以由政府职能部门行文，文中须注明已经政府同意。

（3）党委、政府的部门在各自职权范围内可以向下级党委、政府的相关部门行文。

（4）涉及多个部门职权范围内的事务，部门之间未协商一致的，不得向下行文；擅自行文的，上级机关应当责令其纠正或者撤销。

（5）上级机关向受双重领导的下级机关行文，必要时抄送该下级机关的另一个上级机关。

第五，同级党政机关、党政机关与其他同级机关必要时可以联合行文。属于党委、政府各自职权范围内的工作，不得联合行文。

党委、政府的部门依据职权可以相互行文。部门内设机构除办公厅（室）外不得对外正式行文。

【拓展练习】

一、填空题

1. 现行的《党政机关公文处理工作条例》从_____（时间）起施行。
2. 公文格式各要素可划分为____、____、____三部分。
3. 最新规定的党政机关公文种类15种，即____。
4. 公文的发文字号由____、____、____三部分组成。
5. 公文标题由____、____、____三部分组成。
6. ____适用于向国内外宣布重要事项或者法定事项。
7. ____适用于在一定范围内公布应当遵守或者周知的事项。
8. 份号是公文印制份数的____号。____公文应当标注份号。
9. 引用公文通常应先引____，后引____。
10. 公文的密级可以分为：____、____、____。

二、选择题

1. 下列公文成文时间格式规范的是（   ）。

A. 2012 年 7 月 14 日
B. 二零一二年七月十四日
C. 二〇一二年七月十四日
D. 2012. 7. 14

2. 公文的（　　）根据隶属关系和职权范围确定。
A. 行文方式　　B. 行文方向　　C. 行文规则　　D. 行文关系

3. 在正常情况下，下级机关一般都应当采用（　　）的方式向上级机关请示和报告工作，以保证正常的领导关系和业务工作关系。
A. 逐级上行文　　B. 上行文　　C. 多级上行文　　D. 越级上行文

4. （　　）不属于《党政机关公文处理工作条例》中规定的文种。
A. 通告　　B. 指示　　C. 公告　　D. 通知

5. 地方政府向同级人民代表大会提请审议事项的文种是（　　）。
A. 建议　　B. 意见　　C. 提案　　D. 议案

6. 在以下文书中，属于机关法定公文文种的是（　　）。
A. 会议记录　　B. 纪要　　C. 电话记录　　D. 大事记

三、判断题

1. 公文处理工作应当坚持实事求是、严谨开放的原则。（　　）
2. 命令（令）适用于批准授予和晋升衔级、惩罚或降低有关单位和人员。（　　）
3. 公文的成文时间指的是该份公文的印制时间。（　　）
4. 联合行文时，要使用所有机关的发文字号。（　　）
5. 机关的公文处理工作应当做到越快越好。（　　）
6. 公文的法定作用是由公文形成者的发文目的决定的。（　　）
7. 需经政府审批的具体事项，经政府同意可由政府职能部门行文，但文中需注明政府已经同意。（　　）
8. 各级党政机关的办公厅（室）向下直接行文，必须把握好隶属关系和授权范围。（　　）
9. 属于党委、政府各自职权范围内的工作，不得联合行文。（　　）
10. 根据规定，部门内设机构除办公厅（室）外不得对外正式行文。（　　）
11. 公文的承办主要是对工作的具体执行和处理。（　　）
12. 附注就是附件说明，它位于正文的左下方、公文文尾部分之上。（　　）

第二节　通知

【任务安排】

李××大学毕业后，被招聘到××电子有限公司总经理办公室做文员。为了保证公司的主打产品××显示器在国内的领先地位，建立一个和谐顺畅的销售渠道，公司决定，在成都召开2017年度显示器代理商工作会议。罗总经理要求李××马上拟写一份通知给各代理商。

【思维引导】

★ 完成这份通知事前要确定哪些信息？
★ 怎样撰写才能让各经销商按时带上相关资料前来开会？
★ 通知下发后要注意哪些后续工作？

【必备知识】

（一）通知的含义和用途

通知是机关、社会团体、企事业单位在批转下级机关公文、转发上级机关和不相隶属机关的公文、传达要求下级机关办理和需要有关单位周知或者执行的事项、任免人员时使用的公文种类。

在行政公文中，通知是使用范围最广泛、使用频率最高的文种。通知一般可以用在以下几种情况中：

（1）用于转发上级、同级或不相隶属机关的公文。

（2）用于批转下级机关的公文，如某下级机关的意见经上级机关认可后，用通知批转给其他下级机关贯彻执行。

（3）用于印发法规和规章以外的其他文字材料，如方案、纲要、计划等。

（4）用于布置下级机关工作事项，指示工作方法、步骤。

（5）用于告知某一事项或某些信息等。

（6）用于上级机关对下级就某一具体事项布置工作、交代任务。

（7）用于告知有关单位或人员参加会议。

（8）用于告知有关单位或个人人事任免。

（二）通知的特点

1. 功能的多样性

通知可以用来布置工作、传达指令、晓谕事项、发布规章、批转和转发文件、任免干部等，下行文的主要功能，通知几乎都具备。

2. 运用的广泛性

上至国务院，下至基层机关、企事业单位、社会团体都可以发布通知。通知的内容也非常广泛，大至国家重大事项，小至单位内部一般事项，都可以使用通知。

3. 写作的灵活性

通知功能多样性的特点，决定了通知的写作非常灵活，行文不需过分拘泥于固定的结构，篇幅可长可短，结构亦可繁可简。

4. 应用的时效性

通知事项一般都要求立即办理、执行或知晓，不容拖延。另外，有的通知，如会议通知等，只有在指定的时间内才有效。

（三）通知的分类

通知按其功能可分为处理文件的通知、布置性通知、知照性通知、任免通知、会议通知等类型，下面分别进行介绍。

1. 处理文件的通知

本机关收到上级、下级或不相隶属机关的来文，有必要转给所属下级机关或其他机关让其了解该文内容的，便使用批转、转发性通知。其中，上级机关转发下级的文件，用批转性通知；下级机关转发上级文件、同级或不相隶属的机关之间的文件，用转发性通知。

发布行政法规、规章、办法的通知属于发布性通知。

2. 布置性通知

这是上级机关就某些事项、某项工作，提出工作的具体原则、要求、安排，以让受文单位贯彻执行的通知，这种通知的内容，多数不宜以命令或意见行文。

3. 知照性通知

告知有关单位或个人某些事项的通知。内容包括：设立或撤销机构、迁移办公地点、启用或更换印章、调整办公时间等事项。

4. 任免通知

告知有关单位或个人人事任免的通知。

5. 会议通知

比较重要的会议召开前，需要将会议的有关情况告知相关单位或人员而使用的通知。

（四）通知的结构和写法

通知由文首、正文、文尾构成。文首包括标题、主送机关；正文由开头、主体和结尾组成；文尾包括落款和成文日期。

1. 标题

通知的标题通常有两种形式，一种是由"发文机关+主要事由+文种"组成的三项式标题，如《国务院关于印发 2008 年工作要点的通知》；另一种是省略发文机关的两项式标题，如《关于举办第十二届文化艺术节的通知》。有时也可根据具体情况写明"联合通知""紧急通知""补充通知"，如《××市交通局关于道路限行的紧急通知》。

发布、批转、转发性通知的标题比较特殊。首先，发布性通知的文件名称要出现在标题的主要事由部分；其次，批转、转发性通知所转发的文件内容要出现在标题中，如《××县教育局关于转发××市教育局、卫生局等部门关于加强学校卫生保健工作的通知》。

2. 主送机关

通知的主送机关有两种写法，一种是将若干主送机关的名称全部写上，需要注意的是，有多个主送机关，要按性质、级别或惯例依次排列。同类型、相并列的单位之间用顿号间隔；不同类型、非并列关系的单位之间用逗号，最后用冒号。另一种属于公开发布的普发性通知，则不写主送机关。

3. 正文

由于通知的种类较多，所以正文的结构和写法有多种模式。下面分别对不同类型通知正文的基本写法进行概括介绍。

（1）处理文件的通知。正文分两个部分，第一是批语，第二是写批转、转发或印发的规章或文件。批语内容比较简单，说明批转、转发或印发的文件名称和有关要求。基本格式为"现将《关于……的规定》印发（或批转、转发）给你们，请……"。比较复杂的文件，则在结尾处或者对如何实施作具体说明，或者阐述意义等。

（2）布置性通知。布置工作任务（或安排活动）的通知正文与"指示"的写法相似，一般由开头、主体、结尾三部分组成；开头部分交代发通知的原因、目的或意义；主体部分布置任务，拟订方法措施，阐明工作原则，交代注意事项，可用小标题或列条目依次写出；结尾部分提出贯彻执行要求，或用"以上各点，望遵照执行"等惯用结尾语作结。

（3）知照性通知。行文目的是让受文对象了解有关事项，正文把事项叙述清楚即可。

（4）任免通知。这类通知包括任命、免职两类，其写作要点是：先交代任免、聘用或解聘依据，常用"经×××（或××会议）研究决定"这一简明句式表达，然后写出任免对象及任免职务，一人占用一行，分行排列，最后以"特此通知"作结。

（5）会议通知。一般由开头、主体和结尾三部分构成，开头部分交代开会的原因、目的、依据和会议名称，然后用"现将有关事项通知如下"等语句过渡；主体部分分项交代有关事项，一般包括开会时间与会议期限、地点、与会人员及其条件、会议内容或主要议题、会前应做的准备工作、会议其他事项（如经费、食宿、交通安排）等六个方面；结尾告知联系人姓名及联系电话等。有的还于通知后附一张回执表，以便做好会务安排。

4. 文尾

通知的文尾包括发文机关和成文日期。如果使用三项式标题，则文尾可以省略发文机关名称，只写成文日期；如果使用两项式标题，根据情况（单一机关发文不用落款）可签署发文机关名称。

【例文 1】

<h3 style="text-align:center">××大学关于印发《教师培训进修管理办法》的通知</h3>

各学院、各部门：

  为了提高教师素质，优化教师队伍结构，促进人才培养质量的提高，加强我校教师培训进修工作管理，校长办公会议于 2016 年 4 月 18 日讨论通过了《教师培训进修管理办法》。现将该办法印发给你们，请认真贯彻执行。

  附件：教师培训进修管理办法

××大学（公章）
2016 年 4 月 20 日

【评析】

  这是发布文件的通知。标题用全称，把发布的文件名称作为主要事由，正文首先阐述了发文的目的，接着直陈要发布的文件及要求，文章简洁明快，思路清晰。

【例文2】
××市粮食局关于加强防汛工作的紧急通知

各区县粮食局、局直各单位：

据中央气象台和××市气象台联合预报，受南方热带低气压的影响，预计明、后两天××市将有一个强降雨过程，降雨量可达200毫米以上，并伴有8级大风，局部有冰雹。按照市委、市政府有关通知精神，为加强全市粮食系统防汛工作，现将有关事宜通知如下：

一、要高度重视。一是要加强防汛意识。各处室负责人、各单位主要领导要充分认识做好本次防汛工作的重要性，加强对本次防汛工作的领导，确保安全度汛。二是要制订好防汛工作预案。各单位要根据自身工作实际制订本单位防汛工作的预案，落实工作措施，做好防汛准备。市粮食局的防汛工作预案由局办公室负责制订。三是要建立统一协调的领导机制。市粮食局建立由局长为组长，各单位负责人为副组长以及有关人员参加的防汛工作领导小组（名单附后），领导小组设在市粮食局办公室。由市粮食局办公室统一做好防汛期间的协调调度工作（联系人：×××　联系电话：××××××××）。

二、要采取有力措施。一是要认真做好隐患排查。各单位要认真将本单位防汛工作隐患排查一遍，各仓储企业要彻底排查各个粮仓安全情况，做好预防大风和降雨的有关准备工作，做到预防为主，防患于未然。二是要落实防汛工作相关保障。各单位都要成立防汛工作队伍，确保防汛期间的通信畅通，落实好防汛车辆安排，做好充足的防汛物资储备。三是要做好应急抢险准备。各单位要做好出现险情后的应急抢险准备工作，出现险情后立即组织抢险，并迅速上报有关情况，确保将损失降到最低限度。

三、要落实责任。一是要建立防汛工作责任网络。各单位务必于6月23日12时以前上报本单位防汛工作预案，落实好责任人员，建立防汛工作责任网络体系。二是各单位要层层传达防汛工作通知精神。要通过各种形式，将防汛工作通知精神传达给每个干部职工，统一大家对防汛工作重要性的认识，将防汛工作责任落实到人。三是建立责任追究制度。对在本次防汛工作中因个人问题而造成人员伤亡和财产损失的，要追究有关人员责任。对于出现事故隐瞒不报的，要按照有关规定追究个人和单位的责任。

附：××市粮食局防汛工作领导小组名单

××市粮食局
××××年×月×日

【评析】

　　这是一篇标准的指示性通知，标题由发文机关（××市粮食局）、事由（关于加强防汛工作）和文种（紧急通知）组成。正文的开头部分交代了受文对象（各区县粮食局、局直各单位）和发布通知的原因（降雨、大风、冰雹），第三至第五段明确布置了具体任务和注意事项，体现了通知的紧迫性和重要性。

【例文3】

<h3 style="text-align:center">××电子有限公司关于成立客户服务中心的通知</h3>

公司各部门：

　　为增进与客户的联络，进一步做好客户服务工作，适应公司日益发展的新形势，经公司研究决定，在原客户联络室的基础上成立客户服务中心，主任由×××同志兼任。

2016年3月20日

【评析】

　　这是一篇知照性通知。通知正文行文简洁，依次写了目的、依据和事项，落款省略发文单位，只写成文日期，简单易懂。

【例文4】

<h3 style="text-align:center">××县人民政府关于胡××等同志职务任免的通知</h3>

各乡镇人民政府，县政府各部门：

　　××××年×月××日，经××县人民政府研究，决定：

　　任胡××为××县物资局副局长（主持工作）；

　　任游××为××县物资局副局长；

　　任张××为××县人民政府民族宗教事务办公室主任（兼）；

　　任张××为××县多种经营办公室副主任。

　　免去胡××原××县多种经营办公室副主任职务。

　　特此通知。

××县人民政府办公室（印章）
××××年×月××日

【评析】

　　这是一份任免性通知。总的写法是先讲明决定的依据（如什么时间、由哪里作出的任免决定），再写任免的内容。在同一人有任有免或同一职位有任有免时，在写任职的同时还要注意的是要免去其原来职务，保持逻辑上的严密。另外，此类通知的标题要写明任免的主要内容，不可简化为"任免通知"四字。

【例文5】

重庆××电子有限公司关于召开代理商工作会议的通知

各地区代理商，本公司各部门：

为了保证××显示器在中国的领先地位，建立一个和谐顺畅而稳定坚固的销售渠道，给厂商、代理商和消费者带来更多的利益，本公司决定在重庆召开××电子2016年度显示器代理商工作会议。现将有关事项通知如下：

一、会议议题

1. 总结各地区代理销售情况。
2. 讨论并解决各地区存在的销售矛盾。
3. 商讨如何建立一个和谐顺畅而稳定坚固的销售渠道。

二、参加会议人员

各地区代理商及本公司各部门负责人。

三、会议时间

5月10日至5月12日。

四、报到时间和地点

5月9日在重庆乐园度假村酒店大堂报到。

五、会议地点

重庆百乐园度假村二楼圆形会议厅。

六、其他事项

1. 大会将为各与会人员免费提供食宿。
2. 参加会议的代理商请按要求填写本通知所附的会议报名表，于4月20日前寄回会务组。需接车、接机及购买回程机票、车票的人员，务请在会议报名表中注明。

会务联系：重庆市××路××电子有限公司代理商工作会议会务组

邮编：××××××　　联系人：李秘书

联系电话：××××××××　　电子邮箱：×××××××××

附件：重庆××电子有限公司代理商工作会议报名表

重庆××电子有限公司
2016年4月18日

【评析】

这也是一篇会议通知。正文先写依据、目的，承启语后详细写了会议的议题、与会人员、开会时间、地点等。事项部分条理分明，具体、周到地写了会议涉及的有关问题，为与会人员赴会考虑得比较周到是本会议通知的一大特点，值得借鉴。

【拓展练习】

（一）简答题

1. 常见的通知类型有哪些？
2. 写作通知时的注意事项有哪些？

（二）修改下列通知的标题

1. 深圳市人民政府批转广东省人民政府关于选派优秀专业技术人员出国培训的通知

2. 深圳市人民政府关于废止《市政府批转深圳市委组织部、深圳市人事局、劳动局关于执行十类工资区的实施方案的通知》等130件规范性文件的通知

3. 提高新产品质量意见的通知

（三）判断题

1. 关于发布《国家行政机关公文处理办法》的通知（   ）

2. ××省司法厅转发《××市司法局关于加强全省"148"专用电话建设及联动服务工作的意见》（   ）

3. 湖北省人民政府关于转发国务院《发明奖励条例》的通知（   ）

4. 省工商局关于做好《中华人民共和国合同法》贯彻实施工作意见的通知（   ）

5. "通知"是普通机关之间最常使用的公文之一。（   ）

6. 深圳市卫生局要在全省范围开展食品卫生检查工作，应使用的文种是"命令"。（   ）

（四）病文修改

通　知

××集团各部门：

××集团拟于下月15日举行新员工演讲比赛，地点为A座16楼会议室。

望新员工踊跃报名，认真准备，届时一展风采！

××集团办公室
二〇一五年十月二十日

（五）根据材料作文

××学校新学年开学，为了方便新生办理借阅图书手续，图书馆拟发一通知，就办理图书证的有关事宜告之新生，包括办证的时间、地点，办证需要的照片、工本费等，以班级为单位统一到图书馆办理。

第三节　决定

【任务安排】

××服装分公司是××集团公司18家企业之一。近年来，××服装分公司在全国"十大女杰"之一王××同志带领下，从一个原有80余人的集体企业，一跃发展成为拥有5 000余名员工、年销售额近9亿元、年利税超亿元的企业，为我集团公司的发展作出了重要的贡献。特别是今年10月中旬，××服装分公司生产的系列晚礼服参加法国高级成衣展示周活动并获得服装银奖。为此，集团公司决定，对××服装分公司予以表彰，并奖励20万元人民币。请你以集团公司的名义，写一份奖励文书。

【思维引导】

★ 此任务应该用通报还是决定？
★ 奖惩类的通报和决定有什么联系和区别？
★ 决定的适用范围有哪些？

【必备知识】

（一）决定的含义和用途

决定适用于对重要事项作出决策和部署、奖惩有关单位和人员、变更或者撤销下级机关不适当的决定事项。任何机关、单位和团体都可以使用决定。决定属于下行文。

（二）决定的特点

1. 强制性

决定的强制性仅次于命令，任何下级单位部门都必须无条件执行，不得违抗。

2. 稳定性

传达的上级安排及有关决策事项，在长时期内生效，或要求在相当长时期内贯彻执行。

3. 指导性

决定常用于对某些重要事项或重大行动作出决策部署，对下级工作有指导作用。

（三）决定的分类

1. 奖惩性决定

用于奖励有功人员，处理犯错人员，以树立先进典型，惩戒不良行为。奖惩性决定重在处置，着眼点在于奖惩有关单位或个人，它代表了领导层的权威意志。奖功罚过是其首要目的，教育或警示他人是其次要目的。

2. 指挥部署性决定

指对重要事项作出规定，对重大行动作出安排，要求下级有关单位、有关人员贯彻执行。

3. 事项性决定

内容比较具体，适用范围比较广泛，适用于批准有关文体，设置或撤销机构；变更或者撤销下级机关不适当的决定事项，安排处理人事问题；决定召开重要会议，处理某项具体工作等。

（四）决定的结构和写法

决定由标题、主送机关、正文、落款组成。

1. 标题

标题一般有两种写法：一种是"发文机关+事由+文种"，如"中共中央关于科学技术体制改革的决定"。一种是"事由＋文种"，如"关于环境保护工作的决定"。有的标题下面标明"××××年×月×日×××会议通过"字样，并用括号括住。

2. 主送机关

决定的主送机关为应该知照的下级单位或群体，要求写明主送机关的全称或规范式简称。

3. 正文

不同类型的决定，其正文结构和写法有所不同。正文内容包括：做出决定的根据和缘由；决定的事项、处理的问题或部署的重大行动；执行决定的要求和提出号召。

奖惩性决定的正文，实际上可分成两种：表彰决定的正文，主要写被表彰者的身份、事迹，对被表彰者的评价，表彰的决定事项，希望与号召等；处罚决定针对人和事，先要把错误的事实说明，并分析其性质、根源、责任及后果，而后要交代被处理人对所犯错误有无认识和悔改表现，再写处理决定，最后还要指出教训、提出希望，起到警戒作用。奖惩性决定的正文内容比较多，写作时要注意逻辑排列，且避免内容的遗漏。

指挥性决定正文的写作，一般来说，都要讲明道理、布置任务、指出原则、拟出规定、交代办法、提出要求。其决定事项往往采取分条列项式写法，把复杂的事情、众多的问题写得条理分明、眉目清楚，使下级机关易于把握，便于执行。

事项性决定正文依次写决定的缘由、依据、决定事项。这类决定处理的事项比较具体，涉及的事项有些只需知照。变更或撤销性的事项，必须明确说明所依据的有关法律、法规、相关的政策规定，不变更不撤销会产生怎样的严重后果等。

4. 落款

如果标题已有发文机关名称，落款处则一般不再写发文机关名称。

决定的日期是写公布此项决定的年、月、日，其位置通常写在标题下的小括号内。如果是会议通过的决定，需要在标题下的小括号内写明这一决定是在什么时间、什么会议通过的。

【例文1】

××实业集团公司
关于表彰××服装分公司的决定
（××××年十一月六日）

××服装分公司是我集团公司18家企业之一。近年来，该分公司在全国"十大女杰"之一王××同志带领下，始终坚持外向牵动的发展方针，加速与国际经济接轨的步伐，以超常的胆识和气魄，内转机制，外闯市场，挺进国际，开拓进取，拼搏实干，创产品名牌，树企业形象，取得了令人瞩目的成绩，从一个原有 80 余人的集体企业，一跃发展成为拥有 5 000 余名员工、年销售额近 9 亿元、年利税超亿元的企业，为我集团公司的发展作出了重要的贡献。特别是今年 10 月中旬，××服装分公司生产的系列晚礼服参加法国高级成衣展示周活动，不但使我集团公司服装第一次进入世界顶级服装艺术展示的殿堂——巴黎卢浮宫，而且××系列晚礼服还被评为本届展示周服装银奖，这不仅弘扬了中华民族古老悠久的服装艺术和辉煌灿烂的历史文化，而且展现出当代中国日新月异的文明成果和奋发向上的精神风貌，产生了巨大影响，受到了国际服装界的高度赞扬，为本集团公司赢得了荣誉。

为此，经本集团公司研究决定，对××服装分公司予以表彰，并奖励 20 万元人民币，以资鼓励。

希望××服装分公司再接再厉，不辱使命，勇攀高峰，为振兴我集团服装产业、服务全国、走向世界再立新功。同时，希望各分公司、各部门、各单位向××服装分公司学习，学习他们放眼世界、走向国际的开放思想；学习他们勇立潮头、敢超一流的争先精神；学习他们不畏风险、敢为人先的开拓气魄；学习他们努力拼搏、追求卓越的实干行为。高举邓小平理论伟大旗帜，进一步加大"创新争优"的力度，继续参与国际竞争，开拓奋进，为全面完成今年的各项工作任务，为实现"一三五"发展目标而努力奋斗！

××××年××月×日

【评析】

这是一份企业表彰决定。正文首先简写被表彰者近年取得的基本成绩和企业概况，这是表彰决定的间接原因，继而写被表彰者生产的服装首次进入巴黎卢浮宫参展，作为行文的直接原由，接着对参展事进行了恰当的评价。"为此"两字引出决定事项后，提出了希望。全文层次分明，结构完整，语言简洁、流畅。末段"学习他们"的排比句，增加了文章的气势，同时，表现出与表彰决定相和谐的热情。这是一篇写得不错的决定。

【例文 2】

关于表彰 2012 年度三好学生和奖学金获得者的决定

各院系：

为了全面贯彻执行党的教育方针，激励学生勤奋学习、努力进取，培养高素质人才，按照《××工业大学成人教育学院三好学生评选办法》《××工业大学成人教育学院优秀学生奖学金评选条例》的有关规定，经过自下而上的民主评议和院综合测评领导小组严格审核，在全院本专科学生中共计评出 2012 年度优秀三好学生 5 人、三好学生 55 人、优秀学生特等奖学金获得者 5 人、一等奖学金获得者 15 人、二等奖学金获得者 25 人、三等奖学金获得者 70 人、单项奖学金获得者 42 人，共计 217 人次获奖。

经院长办公会议研究，学院决定对以上优秀三好学生、三好学生、奖学金获得者、各单项奖获得者进行表彰和奖励。希望受表彰的同学能够再接再厉，在今后的学习和生活中，取得更大的成绩。

附件：2012 年度 11 级、12 级优秀三好学生、三好学生、奖学金获得者名单

××工业大学成人教育学院
2013 年 3 月 25 日

【评析】

这是一份学校表彰决定，开头开门见山，说明发文目的和依据，之后写出决定的事项即表彰对象，最提出希望和号召，简洁明了。

【例文3】

××市质量技术监督局
关于对×××等四名同志违规执法的处分决定

××县质量技术监督局：

今年 2 月 19 日，××县质量技术监督局在受理县小镇派出所移送的苏××"涉嫌运输假冒伪劣电视机，标识不全 VCD 机"一案的处理过程中，执法人员严重违反工作纪律和组织原则，同时在非办公场所与行政相对人接触，违反规定收取罚没款，未及时开罚没收据，并未经审批履行手续，先行解封被扣押物品，严重违反办案程序。

同时，去年 10 月 3 日以来，还办理了 5 宗同类案件，也存在违规问题，在社会上造成极坏影响，经局党组研究决定分别给予×××、×××、×××、×××四名同志下列处分：

×××同志身为局长，对事件负有不可推卸的领导责任，给予行政记过处分；

×××同志身为副局长，分管稽查行政执法工作，由于疏忽对执法人员的严格管理，造成违规执法，对事件负有直接领导责任，给予撤销副局长职务的处分；

×××同志身为稽查队副队长，直接参与违规执法，对事件负有主要责任，

给予撤销稽查队副队长职务的处分；

×××同志作为违规执法当事人之一，对事件负有直接责任，给予行政警告处分。

××市质量技术监督局
××××年××月××日

【评析】

这是一份惩罚性决定，开头直叙违纪的情况，表明处罚的缘由，后面列出处罚的决定事项，并对每位受处罚的同志所负有的责任也进行了说明，简明扼要，措词得体，是一篇较好的奖惩性决定。

【例文4】

中共中央关于推进农村改革发展若干重大问题的决定

（2008年10月12日中国共产党第十七届中央委员会第三次全体会议通过）

中国共产党第十七届中央委员会第三次全体会议全面分析了形势和任务，认为在改革开放三十周年之际，系统回顾总结我国农村改革发展的光辉历程和宝贵经验，进一步统一全党全社会认识，加快推进社会主义新农村建设，大力推动城乡统筹发展，对于全面贯彻党的十七大精神，深入贯彻落实科学发展观，夺取全面建设小康社会新胜利、开创中国特色社会主义事业新局面，具有重大而深远的意义。全会研究了新形势下推进农村改革发展的若干重大问题，作出如下决定。

一、新形势下推进农村改革发展的重大意义……

二、推进农村改革发展的指导思想、目标任务、重大原则……

三、大力推进改革创新，加强农村制度建设……

四、积极发展现代农业，提高农业综合生产能力……

五、加快发展农村公共事业，促进农村社会全面进步……

六、加强和改善党的领导，为推进农村改革发展提供坚强政治保证……

实现全面建设小康社会的宏伟目标，最艰巨最繁重的任务在农村，最广泛最深厚的基础也在农村。全党同志要紧密团结在以胡锦涛同志为总书记的党中央周围，锐意改革，加快发展，在推进中国特色社会主义伟大事业进程中努力开创农村工作新局面！

【评析】

这是一则指挥部署性决定。开头首先写明下发此决定的背景。紧接着阐述了农村改革发展的重大意义、指导思想、目标任务和重大原则,之后就为进一步促进农村改革发展提出了方向和策略,具有明显的规定性和指导性。

【拓展练习】

(一)简答题

1. 惩戒决定正文一般写什么内容?
2. 决定的注意事项有哪些?
3. 事项性决定一般主要写什么内容?

(二)病文修改

关于××违犯劳动纪律的处分决定

张××,男,现年30岁,系机加车间原汽车装卸队工人。该同志自入厂以来,累犯劳动纪律,曾多次发生殴打事件,谩骂领导干部,辱骂老工人。特别是今年×月×日,伙同×××(已收审)、×××(已记大过)两次殴打×××,影响极坏。为了维护厂规定厂法,加强劳动纪律,经厂务会议讨论通过决定给予张××开除厂籍留厂察看一年的处分。察看期间只发给生活费,每月×××元。

××市××厂

第四节 通告

【任务安排】

××市将于2016年12月21日在××广场进行高层建筑消防综合应急救援演练。为确保演练活动顺利进行,将要对部分路段进行管制。××市公安局交通警察支队需要根据《中华人民共和国道路交通安全法》第三十九条之规定告知相关人员。

【思维引导】

★ 完成此文种(通告)的写作需要做哪些准备?
★ 通告的格式是什么?

【必备知识】

(一)通告的含义和用途

通告是适用于在一定范围内公布应当遵守或者周知事项的周知性公文。

通告是泛行文，它适合国家机关、企事业单位和社会团体在所辖范围内公布有关事项。

（二）通告的特点

1. 通告的周知性

通告要求在一定范围内的人们或特定的人群普遍知晓，以使他们了解有关政策法令，遵守某些规定事项，共同维护社会公务管理秩序。

2. 通告内容的专业性

通告发布的内容多涉及具体的业务活动或工作，针对性较强。

3. 发文主体的广泛性

通告的使用主体相当广泛，凡具有一定权限、一定管理职能的行政或权力机关及其职能部门，都可以发布通告。

4. 行文对象的有限性

通告告知事项的对象是所辖范围内的单位或特定的人群。

（三）通告的分类

通告主要分为以下三类：

1. 知照性通告

知照性通告是公布需要有关单位或个人周知某些事项的通告。如通告停电、停水、电话升位等。

2. 办理性通告

办理性通告是公布要求有关单位和人员需要办理的事项的通告。要求办理的事项多为注册、登记、年检等公共行为。

3. 禁管性通告

禁管性通告是公布一些令行禁止类事项的通告。令行禁止的事项一般为交通管制、查禁违禁物品等事项。

（四）通告的结构和写法

通告由标题、正文、落款组成。

1. 标题

通告的标题有四种写法：

（1）完全式写法，由发文机关、事由、文种三者共同构成，这是公文标题的常规写法。如《成都市关于××区红旗大街施工期间禁止机动车由南向北行驶的通告》等。

（2）省略事由的写法，由发文机关、文种构成。如《中华人民共和国铁道部通告》等。

（3）省略发文机关的写法，由事由、文种构成。如《关于清理整顿河道污染的通告》。

（4）只标文种"通告"两字。

2．正文

通告的正文通常由缘由、事项、结语组成。

（1）通告缘由。通告缘由主要用来写明发布通告的背景、根据、目的、意义。

（2）通告事项。这是主体部分，写明社会有关方面周知或遵守的事项，多采用分条列项的写法，以做到条理分明、层次清晰。如果内容比较单一，可采用篇段结合式写法。

（3）通告结语。多采用"本通告自发布之日起实施"指明执行日期，或用"特此通告"等习惯用语结尾，以示强调。有的通告事项写完即结束全文，不再写结语。

3．落款

正文右下方写明发文机关全称，标注日期。若标题上已有发文机关和日期，则签署可省略。

（五）通告写作的注意事项

（1）通告的撰稿者，要有政策观念，以政策衡量通告的事项，确保其不与现行政策冲突，不搞不符合法律程序的"土政策"。

（2）因为通告可以用来处理带有一定专业性的公务，所以写有关专业性的内容时，难免会使用一些术语，但要注意尽量选择大多数人熟悉的行业用语。同时，也要求撰稿者有一定的专业知识。

（3）通告的内容一定要突出，才能给人以深刻的印象。

（4）通告一般可以张贴、见报，也可以以文件形式下达。

（六）通报、通告、通知辨析

我们通过告知的对象、制发的时间、目的、作用的不同来介绍三者的区别。

通报、通告、通知这三个文种都有沟通情况、传达信息的作用，但又有区别：

1. 所告知的对象不同

通报是上级机关把工作情况或带有指导性的经验教训通报下级单位或部门，无论哪种通报，受文单位只能是制发机关的所属单位或部门；通告所告知的对象是相关组织和群众，它所宣布的规定条文，具有政策性、法规性和某种权威性，要求人们遵照执行，一般都要张贴或通过电台、电视台等新闻媒体大力宣传；通知一般只通过某种公文交流渠道，传达至有关部门、单位或人员，它所告知的对象是有限的。

2. 制发的时间不同

通报制发于事后，往往是对已经发生了的事情进行分析、评价，通报有关单位，从中吸取经验教训；通告、通知制发于事前，都有预先发出消息的意义。

3. 目的不同

通报主要是通过典型事例或重要情况的传达，向全体下属进行宣传教育或沟通信息，以指导、推动今后的工作，没有工作的具体部署与安排；通知主要是通过具体事项的安排，要求下级机关在工作中照此执行或办理；通告公布在一定范围内必须遵守的事项，有着较强的、直接的和具体的约束力。

4. 作用不同

通报可以用于奖惩有关单位或人员；通知、通告无此作用。

【例文1】

××市公安局交通警察支队关于交通管制的通告

按照市委、市政府要求，我市将于2016年12月21日在利和广场进行××市高层建筑消防综合应急救援演练。为确保演练活动顺利进行，根据《中华人民共和国道路交通安全法》第三十九条之规定，演练期间市公安交警将对利和广场附近部分路段实施交通管制，禁止社会车辆通行。具体事项通告如下：

一、交通管制时间：2016年12月21日9时30分至演练结束。

二、交通管制路段：××街××路口至××路口

特此通告。

××市公安局交通警察支队

2016年12月19日

【评析】

这是一篇禁管性通告。标题采用完全式写法。正文第一段写通告的目的和依据，文种承启语后，分条列项写了通告事项和规定。全文主题明确，语言简洁。

【例文2】

关于城乡居民基本养老保险办理一次性补缴保险费通告

××区城乡居民：

根据《××市××区人民政府转发关于实施城乡居民基本养老保险文件的通知》(××府〔2015〕56号)，××区于即日起开始办理已领取城乡居民基本养老保险待遇人员一次性补缴保险费工作，现就相关事项通告如下：

一、补缴对象

正在我区领取城乡居民基本养老保险养老金的城乡居民，可申请一次性补缴累计年限不超过15年的居民养老保险费。

二、补缴标准

符合条件的居民可以申请以下缴费档次中的一个进行一次性补缴（只能补缴一次），分别为：每年360元、480元、600元、720元、840元、960元6个档次。

三、待遇核发

办理一次性补缴的参保人，于2015年9月30日（含本日）前缴清费用的，其重核后的城乡居民基本养老保险个人账户养老金最早可从2014年8月起计发；于2015年10月1日（含本日）后缴清费用的，其重核后的城乡居民基本养老保险个人账户养老金从缴清费用的次月起计发。

四、所需资料

1.《××区城乡居民社会养老保险一次性补缴申请审核表》

2. 申请人身份证原件，收复印件（代办的还要提供代办人身份证原件及复印件）

3. 申请人本人的××市内农业银行存折(借记卡必须提供存取款业务回单，回单上显示卡主姓名）的原件，收复印件。（领取待遇存折已经是农业银行的居民无需提供）

五、办理地点

1. 城镇居民，由本人（或代办人）带齐上述资料到户籍所在地镇（街道）社保分局（窗口）申请办理

2. 农村居民，由村委会统一代办。(村委会收齐村民的资料并提交汇总表到镇（街道）所属的社保分局窗口统一办理)

特此通告。

××区人力资源和社会保障局

××区社会保险基金管理局

2015 年 8 月 10 日

【评析】

这是一份办理性通告，具有强制性。正文先写制发本通告的依据，其后写具体事项和规定，以"特此通告"作结语，具有加重强调、引起注意的效果。

【拓展练习】

（一）填空题

1. 通告具有____、____和____3个特点。
2. 通告有____、____和____3种类型。

（二）判断题

1. 告晓性通告不是任何机关都可以发布的。(　　)
2. 通告不具有行政强制力。(　　)
3. ××商店告知顾客事项可用通告。(　　)

（三）判断并拟写题目

判断下列情况应用哪种公文行文，确定文种后请拟出标题。

1. 铁道部禁止旅客携带易燃易爆危险品进站上车。
2. ××市交警局告知办理机动车年审等业务问题。
3. ××房地产公司向员工通报本年度业务情况。
4. ××学校需要告诉学生节约用水。

（四）病文析评

试指出下文的主要毛病。

回迁通知

原住于××区××街的动迁户，于明年 6 月底前回迁。请所有回迁户持动迁证、动迁协议书以及交款单据，于明年 5 月底前，到我公司办理回迁手续。

具体办理时间：上午8时至12时，下午2时30分至5时30分。

特此通知。

××房地产开发公司
××××年××月××日

第五节 通 报

【任务安排】

张××是某集团公司的高级工程师。2016年6月为解决公司主车间设备上的技术难题，带领5名技术骨干赴美国进行技术考察。在考察期间，张××拒绝该国企业高薪聘请及定居安排，不参加外方安排的带有色情性质的娱乐活动，带领考察组成员圆满完成考察任务，按时回国。请你当一回该集团公司的总经理助理，为公司写一份通报对张××同志给予表彰。

【思维引导】

★ 该任务为什么需要使用通报行文？
★ 通报有什么特点？
★ 就本场景而言写作中还需补充哪些材料？

【必备知识】

（一）通报的含义和用途

通报是上级机关对下级机关中典型的先进事迹、人物进行及时的表彰，对严重的错误予以及时的批评教育，对重要的精神和情况予以迅速的传递、沟通时所用的一种下行文。

（二）通报的特点

1. 典型性

不论是表彰性、批评性的通报，还是交流情况的通报，都要求被通报的内容既有普遍性又有代表性。通报的事实和情况具有典型意义，才能起到以点带面的作用。

2. 宣导性

通报的内容，不论是肯定性的还是否定性的，其目的都不只是宣传对事件的处理结果，而是要树立榜样、提供借鉴，或引以为鉴，使读者能够总结经验、吸取教训。

3. 及时性

通报无论是表彰先进、批评错误还是传达重要精神或者情况，都必须抓住时机，体现时效性，这样才能发挥通报的宣导作用。因此，通报的写作和传播都应该是迅速及时的。

（三）通报的分类

按照适用范围、内容及作用，通报可分为表彰性通报、批评性通报和情况类通报三类。

1. 表彰性通报

对先进单位、先进人物的典型事迹进行表彰，并总结其先进经验，以点带面，树立榜样，达到促进向先进单位和先进人物学习的作用。

2. 批评性通报

抓住有普遍反面教育意义的错误和不良倾向，或典型的错误事件，进行严肃的批评，并分析原因和吸取教训，达到教育和警惕的作用。

3. 情况类通报

上级机关把当前政治、经济、军事和社会治安等情况通报给下级机关，使下级机关了解新的信息，对所通报的重要情况引起重视，更好地开展工作。这类通报具有沟通和知照的双重作用。

按照表达方式，通报可分为直述式通报和转述式通报两类。

1. 直述式通报

发文单位在通报中直接陈述它下属单位的先进事迹、典型经验、错误事实或者介绍情况，然后在此基础上作出分析、评价和处理。

2. 转述式通报

发文机关用转发（批转）的形式，把所属单位及外单位所反映的先进事迹、错误事实或者重要情况作分析、评价，提出处理意见，发出号召。

（四）通报的结构和写法

1. 标题制作

标题通常由三个要素构成：发文机关+事由+通报，也有的只写"通报"二字或"事由+通报"。

2. 主送机关制作

普发性通报可不写抬头,非普发性通报需写抬头。

3. 正文制作

不同类型的通报,其正文的写作内容各不相同。

(1)表彰性通报,正文内容包括:① 叙述先进事迹,包括时间、地点、人物、事迹、怎么做及其结果;② 对先进事迹进行分析、评议,指出其典型意义,或概括主要经验;③ 提出表彰决定;④ 提出希望和学习号召。

(2)批评性通报,正文内容包括:① 叙述事故或错误事实的经过情况、时间、地点、事故及其后果等;② 对事故进行分析评议,分析事故发生的原因,指出事故的性质及其危害;③ 提出处分决定;④ 引申出应当吸取的经验教训,有的放矢地提出希望和要求。

(3)情况通报,正文内容包括:① 概括叙述情况;② 分析情况;③ 针对情况提出希望和要求。

4. 落款制作

落款写上发文机关和发文时间;如果标题中已有发文机关,且时间已标注在发文机关下面,则不再落款。

【例文1】

关于"抗震救灾、爱心捐助"活动情况的通报

公司各单位:

5月12日,四川省汶川等地区发生特大地震,当地人民的生命与财产遭受重大损失。灾情发生后,为支援灾区恢复生产、重建家园,我公司举办了为期两周的"抗震救灾、爱心捐助"活动,全体员工积极响应,踊跃捐款捐物,表现出对灾区人民的深情厚谊。现将本次活动中收到的款物情况通报如下:

办公室:捐款0.8万元,衣物20件;

销售部:捐款0.6万元,衣物18件;

技术部:捐款0.4万元,衣物10件;

施工部:捐款0.6万元,衣物15件。

合计:捐款2.4万元,衣物63件。

这批款物已经于2008年6月8日移交到本市民政局。

望全体职工继续发扬团结互助的精神,持续关注灾区的重建,将对灾区人

民的深厚感情转化为工作的动力,全面促进我公司各项事业的发展。

特此通报。

××房地产公司

2006年6月10日

【评析】

这是一篇关于捐助活动的情况通报,开头简要介绍了灾情和捐款活动的目的,主体部分准确说明了各部门的捐赠资金与物资,结尾部分结合该活动提出了希望和要求。全文主题鲜明,语言简洁准确,结构脉络清晰。

【例文2】

××市卫生局关于医生张×滥用麻醉药品造成医疗事故的通报

各区县、各乡镇医疗卫生单位:

××××年7月5日晚7时25分,×县×镇×村农民李×因下腹部疼痛,被送到×镇卫生院治疗。该院夜班医生张×以"腹痛待诊"处理,为病人开了阿托品、安定等解痛镇静药,肌肉注射杜冷丁10毫克。7月6日下午5时许,该病员因腹痛加剧,再次到该卫生院治疗,医生刘××诊断为"急性阑尾炎穿孔,伴腹膜炎",急转市第二人民医院治疗,于当晚7时施行阑尾切除手术。手术过程中,发现阑尾端部穿孔糜烂,腹腔脓液弥漫。切除了坏死的阑尾,清除了腹腔脓液约300毫升,安装了腹腔引流管条。经过积极治疗,输血300毫升,病人才脱离危险,但身心受到了严重的损害。

急性阑尾炎是一种常见的外科急腹症,诊断并不困难。××镇卫生院张×工作马虎,处理草率,在没有明确诊断以前,滥用麻醉剂杜冷丁,掩盖了临床症状,延误了病人的治疗时间,造成了较为严重的医疗事故。这种对人民生命财产极不负责任的做法是很错误的。

为了教育张×本人,经卫生局研究,决定给张×行政记过处分,扣发全年奖金,并在全市范围内通报批评。

各单位要从这次医疗事故中吸取教训,加强对职工的思想教育,增强职工的责任感,以对人民高度负责的精神,端正服务态度,提高服务质量。同时,要加强对麻醉药品的管理,认真执行××省卫生厅《关于严格控制麻醉药品使用范围的规定》,严禁滥用麻醉药品。今后如发现违反规定者,要首先追究单位领导的责任。

××××年××月××日(公章)

【评析】

这是一篇批评性通报。标题直接点明了发文机关、事由和文种。正文第一段概括交代了医疗事故的基本情况及后果;第二段对医疗事故进行了分析,并依据事实宣布了对当事人(张××)的处分;第三段及第四段要求有关单位和个人从这次事故中汲取教训,改进工作,加强对麻醉药品的管理。由于在标题已经点明发文机关,所以在结尾处只注明了成文时间。

【拓展练习】

(一)病文修改

××石化厂关于我厂连续发生火灾的情况通报

各科、室、车间:

进入元月以来,不到20天,连续发生四起火灾,给生产和职工生命财产造成不应有的损失,如:

1月8日11时,运输车间汽车修理工段设明火取暖,工人杨××在明火附近用汽油洗手,油星溅入炉内引起火灾,杨××等四名工人被烧成重伤住进医院,财产损失达到2.94万元。这起重大火灾是多年来我厂从未发生过的。1月14日上午9时30分,单身宿舍六号楼203房间,下夜班工人蒋××由于吸烟不慎,把烟头扔在床下,引起床下的棉纱起火,将该宿舍的衣物、被褥、书籍、生活用品等全部烧毁,直接损失700多元。

四起火灾均系有关人员思想麻痹,违反安全防火要求所致。这也反映了我们的防火宣传工作做得还不够深入,防火措施还没有落实到实处,存在死角。为此,必须引起各科室、车间领导同志的高度注意,从上述事故中吸取教训,根据各部门的具体情况,结合安全大检查,向职工广泛进行一次安全防火的教育,狠抓薄弱环节和死角,堵塞一切漏洞,落实好各项防火措施,严防火灾发生,以确保生产的顺利进行,保卫国家及群众生命财产安全。

(二)根据材料作文

李××同志是××分公司所属安宏化工厂管道维修工人,共产党员。今年10月12日上午8时30分,该厂成品车间突然爆炸起火。李××同志不顾个人安危,在身体多处受伤、火势凶猛并随时可能发生更大爆炸的万分危急关头,果断处理突发事件,遏制火势蔓延,防止事故扩大,减少了国家财产损失。

为了表彰李××同志的先进事迹,总公司党委决定:授予李××"优秀共产党员"荣誉称号,并颁发奖金10 000元。

请你根据以上材料,撰写一份表扬性通报。

第六节　报告

【任务安排】

××学院于2014年5月期间举行了"读书周"活动，现活动结束，需将整个活动情况上报给学校，请你代××学院写一份报告。

【思维引导】

★ 根据这个任务要求，我们应该报告哪些内容？

★ 这份报告采取什么样的结构方式较为恰当？

【必备知识】

（一）报告的含义和用途

报告是下级机关向上级机关汇报工作、反映情况，以及答复上级机关询问时所用的陈述性公文。报告是典型的上行公文，一般不需要上级答复。

（二）报告的特点

1. 单向性

报告属于单向行文，目的只是为了让上级机关及时了解情况，一般不需要受文机关批复和反馈。上级机关对于接收的报告，除根据情况予以批转外，一般都采取阅存的办法。

2. 陈述性

报告一般是以叙述、说明的表达方式汇报工作、反映情况、答复询问的，无论其所表述的内容，还是所使用的语言都体现出陈述性的特点。

3. 实践性

报告的内容必须建立在实践的基础上，不能虚构。汇报的工作，是对本单位工作的回顾或总结。反映的情况，是本单位在工作实践中所碰到的情况或问题。答复上级机关的询问，也只能依据本单位的实践情况。

（三）报告的分类

按照行文的目的和作用，可将报告分为工作报告、情况报告和答复报告等类型。

1. 工作报告

工作报告用于向上级机关汇报工作活动情况，内容主要包括工作的进展情况，工作的方法、安排，取得的成绩、经验，存在的问题和差距，以及今后的工作安排等。多数工作报告不向上级提出工作建议，只汇报某一阶段工作的进展、成绩、经验、存在问题及打算，汇报上级机关交办事项的结果，汇报对某一指示传达贯彻的情况，向上级机关报送物件或材料等。

根据具体内容和性质不同，工作报告又可分为综合性报告和专题性报告两类，下面分别进行介绍。

（1）综合性报告。是向上级机关汇报本单位或本部门一个时期内全面工作或几个方面工作的综合情况，往往一文数事，如《××县××乡政府2008年工作报告》。

（2）专题性报告。是向上级机关汇报某项工作、某个问题或某一方面情况的报告，往往一事一报，如《关于春节期间防范烟花爆竹引起火灾的工作报告》。

2. 情况报告

用于及时反映工作中遇到的新问题、特殊事件、灾害性事故等情况，以便引起上级机关重视，及时制定或调整政策，对所问问题的处理给予指示，如《×××有限责任公司关于特大火灾事故处理情况的报告》。

3. 答复报告

用于答复上级的询问或汇报所交办事情办理结果的报告。

（四）报告的结构和写法

报告由文首、正文、文尾三部分构成。其中文首包括标题和主送机关；正文由缘由、事项和结语组成；文尾的要素主要是日期。

1. 标题

报告的标题一般是由发文机关名称、主要事由和文种所组成的完全式标题，也可以省略发文机关名称，但事由和文种不能省略。

2. 主送机关

报告的主送机关具有单一性，一般为发文机关的直属上级机关（或上级业务指导机关）。受双重领导的机关向上级呈递报告，应根据报告内容的实际需要，写明主送机关和抄送机关。另外，报告不得越级行文，不抄送下级机关。除特殊情况外，不得送领导者个人。

3. 正文

正文由缘由、事项和结语三部分组成，下面分别进行介绍。

（1）缘由。简明扼要地说明报告的原因、依据或目的，也可以交代全文的主要内容或基本情况。如果是答复报告，这一部分即为答复依据，交代上级机关交办的事项或人物是什么，上级机关询问的问题是什么等。

（2）事项。这是报告正文部分的核心，要准确全面地将有关工作或情况表述清楚。不同类型的报告由于其行文目的和内容性质不同，在表述时应有所侧重。

① 工作报告。正文围绕主旨展开陈述，一般应写明工作进展情况、开展工作的具体做法、工作效果和取得的成绩，然后写存在的问题及下一步的打算。在详略安排上，应详写前一部分，略写后一部分。

② 情况报告。通常先介绍基本情况，然后分析情况产生的原因，最后提出解决的办法或制定下一步的行动措施。写作时，要略写第一部分，第二、三部分应根据行文宗旨确定详略。

③ 答复报告。应写明处理上级机关交办事项或任务的大致过程，说明处理结果，并征求上级机关对结果的意见。若仅是回答上级机关的询问，则应简明扼要、有的放矢地进行回答。

4. 结语

报告一般用惯用语来结尾，如"以上报告，请审阅""特此报告""以上报告如有不妥，请指示"等。结尾惯用语要独立成段，单占一行，可使用标点符号。

5. 文尾

在文尾应注明发文日期，并加盖发文机关印章。如果标题中省略了发文机关，则落款时必须写发文机关名称。

【例文1】

环保总局关于淮河流域污染防治工作的报告

根据环保总局、国家计委、水利部联合制定的《淮河流域水污染防治××××年规划目标完成情况核查办法》(环发〔×××〕205号)，环保总局会同国家计委、财政部、水利部、监察部、建设部、农业部、法制办等8个部委组成核查组，于××××年×月××日至×月×日对淮河流域水污染防治工作进行了全面核查。现将有关情况报告如下：

一、淮河流域水污染防治工作的完成情况

核查组先后赴河南、安徽、江苏、山东四省（以下简称四省）17地（市），实地抽查了淮河干流及主要支流水质、城市排污口、城市污水处理设施、工业企业污染治理设施、饮用水保证工程、河道清淤及生态保护等情况,并就淮河流域水污染防治工作进展、存在问题和下一阶段拟采取的措施进行了研究。

(一)总体评价

"九五"期间,沿淮四省和国务院有关部门高度重视淮河流域水污染防治工作,认真组织实施《淮河流域水污染防治规划及"九五"计划》(以下简称《规划和计划》)……淮河水质恶化的趋势得到初步遏制,水污染严重地区的800多万群众吃水困难的问题基本得到解决,淮河水污染防治工作取得阶段性成果。

(二)目标完成情况

《规划和计划》要求,到××××年底淮河水体变清,具体指标有一项水质指标、一项总量控制指标、67座城市污水处理工程和380个治理建设项目。

……

二、存在的主要问题

从沿淮四省的自查报告和这次淮河核查的情况看,目前淮河流域……离群众对治污工作成果的期望还有差距。目前存在的主要问题有:

(一)是工业企业按达标排放尚不稳定。

(二)是城市生活污水处理工程建设慢,处理率低。

(三)是河源污染防治工作尚未全面开展。

(四)是淮河流域自净能力差。

三、下一步工作安排

从前一段工作进展情况来看,淮河水污染防治工作仍然十分繁重,需要继续采取综合有效措施,加大整治力度。下一步淮河治污重点抓好以下六项工作:

(一)尽快制订《淮河流域水污染防治"十五"计划》。结合"九五"规划各项工作的实际情况和南水北调东线工程需要,明确淮河"十五"治理目标和治理措施。

……

(六)加强水资源的合理开发利用和节约。做好水资源开发利用总体规划,实现水资源优化配置。根据水情状况,继续实行污染联防制度,制订水库水闸水量调度方案,明确主要闸坝生态环境用水量,增强水体的自净能力。同时加大节水力度,落实农业灌溉节水措施,制订污水资源化利用和实施方案,进一步利用经济杠杆促进城市节水工作。

××××年××月××日

【评析】

　　这是一篇专题性工作报告。标题由发文机关、事由和文种组成。开头交代了对淮河流域水污染防治工作全面核查的依据、人员组成、时间、地点等。此开端干净利索，内容具体。主体由三个部分组成，第一部分陈述了淮河流域水污染防治工作所取得的成绩和完成情况；第二部分陈述了防治工作中存在的问题；第三部分提出了下一步防治工作的安排和目标。

【例文2】

铁道部关于193次旅客快车发生重大颠覆事故的报告

国务院：

　　5月28日16时05分，由济南开往佳木斯的193次旅客快车行驶至沈山线锦州铁路局管辖内的兴隆店车站（距沈阳43公里）时，发生重大事故，造成3名旅客和4名列车乘务人员受伤，报废机车一台、客车四辆、导车一辆，损坏机车一台、客车五辆、货车一辆和部分线路路岔等设备，沈山下行正线中断运输近20小时，直接经济损失达170余万元。

　　事故发生后，东北铁路办事处和锦州、沈阳铁路局负责同志立即随救援列车或救护车赶赴事故现场，组织抢救、抢修工作。当地驻军、地方同志及沈阳军区、辽宁省军区有关负责同志先后赶到现场，组织抢救伤员，疏运旅客。我部李克非副部长率安监室和运输、机务、车辆、工务、电务、公安各局负责同志也于当日连夜赶赴现场，指挥抢修工作，调查分析事故原因，慰问伤员，并对省市领导和部队表示感谢。在省市领导和驻军的大力支持下，伤员的抢救和治疗工作安排得比较周密，受伤的旅客和列车乘务人员，除少数送入就近的新民县医院抢救外，其余的均由沈阳市和军队、铁路医疗部门派车接到沈阳，及时得到了抢救和治疗。

　　经调查分析，造成这次事故的直接原因，是锦州铁路局大虎山工段兴隆店养路工区工人在该处做无缝线路补修作业时，违反劳动纪律和操作规程，将起道机立放在钢轨内侧，撤离岗位，到附近的道口看守房去吃冰棍，当193次快车通过时，撞上起道机，引起列车脱轨颠覆事故。

　　这次事故是发生在旅客列车上的一次严重事故，又是发生在全国开展的"安全月"活动中，使国家和人民生命财产蒙受了巨大的损失，在政治上造成了极坏的影响，性质是非常严重的，我们的心情十分沉痛。这次事故的发生和最近一个时期安全工作不稳定的状况，说明了我们铁路基础工作薄弱，管理不善，思想政治工作不落实，反映了我们作风不扎实，对安全工作抓得不力，在安全生产中管理不严，职工纪律松弛的问题长期没有得到解决。

为了使全路职工从这起严重事故中吸取教训，我们于5月31日召开了有各铁路局、铁路分局、全路各工务段负责同志参加的紧急电话会议，通报了这次事故，提出了搞好安全生产的紧急措施。要求铁路各部部门、各单位必须把安全工作放在第一位，各级领导干部要树立安全第一的思想，并向全体职工进行安全教育，使每个职工都牢固地时时刻刻树立起对国家、对人民极端负责的观念，认真落实岗位责任制，严格遵守劳动纪律，一丝不苟地执行规章制度和操作规程；各单位要针对近年来新工人比重不断增加的情况，加强对新工人的教育和考核工作，各行车和涉及安全生产的主要工种不经考核合格不得单独作业；对各种行车设备要进行一次认真检查，发现问题立即解决；同时，各单位要切实解决职工生活中应该而且可以解决的问题，解除职工的"后顾之忧"；动员广大职工干部迅速行动起来，以这次事故为教训，采取措施，堵塞漏洞，保证行车安全。

我们在5月份开展的"人民铁路为人民"活动中，要把搞好安全生产作为重点，并在今后当作长期的根本任务来抓。党、政、工、团各部门要从不同的角度抓好安全工作，迅速改变目前安全生产不好的被动局面。

锦州铁路局对这次事故的主要责任者，已按照法律程序提出起诉，追究刑事责任；对与事故有关的分局、工务段领导也作了严肃的、正确的处理。铁道部决定对锦州铁路局局长董庭恒同志和党委书记李克基同志给予行政记过处分。这次事故虽然发生在下边，但我们负有重要的领导责任，为接受教训，教育全路职工，恳请国务院给我们以处分。

铁道部

××××年六月十日（章）

【评析】

这是一篇重大事故情况报告，整体思路围绕"情、因、策"来定，即出现了什么情况（"情"）？为什么会出现这种情况（"因"）？怎样应对这种情况（"策"）？全文主旨鲜明，条理清楚，且格式规范。另外处理情况时敢于负责，值得肯定。

【例文3】

关于军校大学生演讲比赛××协作区复赛结果有关情况的报告

总参军训和兵种部院校教学局：

×月×日电函悉。现就我协作区军校大学生演讲比赛复赛结果的有关情况报告如下：

一、关于复赛活动的组织情况

此次复赛，我协作区按照本区的院校情况，结合总参核定给我区的决赛指标，给各参赛院校明确了复赛名额：各院校均派4名选手参加复赛。在要求各院校严密组织预赛的基础上，为保证复赛的公平公正，我中心在组织复赛时特别外聘了三所军地院校的七名资深教授担任评委，并在比赛时由各院校派出人员担任统分员。因此，复赛的前期准备是充分的，现场的组织程序是合乎要求而且是正规严密的。

二、关于对比赛名次的确认考虑

由于我协作区的参赛院校相对较少，在赛前组织评委召开预备会时，有部分评委提议：鉴于××大学的生源入学质量明显要高出其余院校许多，因此比赛结果有可能出现一边倒集中于该大学的现象。从有利于鼓励各院校积极参加类似活动以促进学科建设和教学水平提高的角度出发，适当照顾办学起点和生源质量较低的院校，使其亦能有选手进入决赛。对此提议，我中心在请示主管领导后，原则上同意在公开比赛的基础上，如出现优胜者过分集中于某院校，而其余院校未有选手胜出时对其余院校予以适当调整照顾，但被照顾者将在胜出选手中靠后排名。我中心之所以采纳评委建议，完全是从有利于各兵种院校的长期协作、从顾全大局的角度出发予以考虑的。

三、关于对复赛结果的确定情况

从现场比赛的得分情况看，结果与评委们的赛前所料大致相同：在5名胜出者中，前面4名均为××大学的选手。对此，我中心组织评委们进行了讨论。会上，评委们意见一致，认为选手的得分并未当场公布，从比赛的整体情况看，有必要将此结果进行一点小调整，即把××大学的第4名调整到第6名，原第5名调整为第4名，原第6名调整为第5名。故最终公布的结果为：在取得决赛资格的5名选手中，前3名为××大学选手，其余2名分别为××学院和××学院的选手。因此，我协作中心上报教学局的复赛结果，其中固然有从大局出发适当照顾××学院的因素，但同时也是充分尊重评委意见的结果，此外并无他因。

专此报告。

××协作中心办公室
××××年×月×日

【评析】

这是一篇答复报告。正文开门见山写接到上级电函，这是行文的背景。接着以文种承启语导出主体。主体针对上级询问的问题实事求是的回答，客观、真实、确切地陈述了复赛的组织情况、比赛名次的确认考虑及复赛结果的确定情况，有很强的针对性。

【拓展练习】

（一）简答题

1. 请示与报告的区别有哪些？
2. 写作报告时的注意事项有哪些？

（二）判断题

1. 在工作报告中可提出有关工作建议，要求上级机关认可。（   ）
2. 有的工作报告在提出工作建议的同时，还要求上级机关将此报告批转给下级机关执行，这种报告的结尾通常用"如无不妥，请批转有关部门执行"。（   ）
3. 报告的行文方式主要以概括叙述和说明为主。（   ）
4. 工作报告可以写本单位进行到一半的工作。（   ）
5. 情况报告只需要写出事件的发生原因和经过。（   ）

（三）病文修改

关于××县遭受风雹灾害的报告

××省人民政府：

××县在7月9日下午3时许，遭到大风雹灾害，中心风力达11级以上，冰雹集中的地方平均积雹一尺厚，雹粒大的有茶碗大，对农作物危害十分严重。全县受这次风雹危害的有坦途、东屏、保民、哈吐气、莫莫格、建平、沿江7乡22个村，受灾面积达55 350亩。坦途乡红岗、哈拉干吐两村遭到了历史上罕见的毁灭性雹灾，23 895亩耕地全部绝收。雹区中心的庄稼被打平，树叶被打光，乌鸦、麻雀等被打伤打死。全县被冰雹打死的羊50只、牛5头、马两匹，有87名正在田间劳动的农民被打伤。由于风力大、来势猛，全县刮折树木2 648棵，刮折广播、电话线杆3 845根。低压电柱2 156根、高压电柱109根，刮坏变压器7台（220千伏安）、毁坏民房225间。莫莫格和建平银海羊场两栋。760平方米砖瓦结构的办公楼屋顶人字架和瓦都被风刮走。

目前，××县的抗灾工作正在紧张地进行。我们决心在上级党和政府的带领下，团结一致，同心同德，坚决把抗灾斗争进行到底，把自然灾害造成的损失减少到最低限度，努力为国家作出新贡献。但是，由于我们财力紧张，在抗灾资金上和物资上尚有很大的实际困难，请上级尽早给予考虑安排。

以上报告妥否，请指示。

××县人民政府
二〇一一年七月十五日

（四）根据本节任务安排，列出报告提纲。

第七节　请示

【任务安排】

××机械厂张华同志连续完成三项技术革新，被评为局系统的技术革新能手。今年张华同志根据市场需要，又大胆研制成功了新产品TS-2型测温仪，获得了巨大成功。为了奖励张华同志，拟将他的工资级别由二级晋升为四级。请你以××机械厂的名义向上级部门××局写一份公文。

【思维引导】

★ 完成这份请示需要准备哪些材料？
★ 应该怎么写，才能得到上级的批准？
★ 请示的格式是什么？

【必备知识】

（一）请示的含义和用途

根据《国家行政机关公文处理办法》规定，请示是"适用于向上级机关请求指示、批准"的公文。

（二）请示的特点

1. 事前行文性

请示需得到上级机关批准后才能付诸实施，不可"先斩后奏"或"边斩边奏"。

2. 请求批复性

请示行文目的非常明确，即要求上级机关对请示的事项作出明确的批复。

3. 一文一事性

一份请示只能请求指示、批准一件事或解决一个问题。

（三）请示的分类

根据请示的不同内容和写作意图，将其分为两类：

1. 请求指示的请示

请示上级机关对有关的方针、政策、规定中难以理解或不明之处，以及在执行过程中需作变通处理的问题或涉及其他机构职权范围的问题予以回复。

2. 请求批准的请示

这类请示多涉及人事、财物、机构等方面的具体问题，多是下级机关限于自己的职权，无权自己办理或决定的事项。

（四）请示的结构和写法

请示由标题、主送机关、正文、落款组成。

1. 标题

请示标题内容包括发文机关、事由和文种。标题中尽可能不要出现"申请""请求"之类词语，不宜写为"关于请求×××××的请示"，"请示"中本身就含有请求的意思了。不能将"请示"写成"报告"或"请示报告"。

2. 主送机关

请示的主要受理机关。

3. 正文

请示的正文包括请示缘由、事项、结语三部分。

（1）缘由。实际上就是提出请示事项和要求的理由、背景及依据，要写在正文的开头。

先把缘由讲清楚，然后再写请示的事项和要求，这样才能顺理成章，有说服力。

缘由是写作请示的关键，写得充不充分，直接关系到请示事项能否成立，关系到上级机关审批请示的态度等。如果缘由比较复杂，必须讲清情况，举出必要的事实、数据，实事求是，具体而明白。

（2）事项。指请求上级机关批准、帮助、解答的具体事项。请示的事项，要符合国家法律、法规，符合实际，具有可行性和可操作性。因此，事项要写得具体、明白，并做出具体的分析。

请示事项，不能出现不明确、不具体的情况，也不能把缘由、事项混在一起写。否则，容易使上级不得要领，不明白下级要求解决什么问题。

（3）结语。请示的结语常以简短的文字概括，如"以上请示，请批复""以上意见当否，请指示""以上请示，请审批"等，虽然是很简单的一句话，但却是必不可少的内容。不要用"可否（妥否、当否），请批准"之类不合逻辑的用语。

4. 落款

发文机关要写全称或规范化简称。时间以领导签发的时间为准。

【例文1】

关于交通肇事是否给予被害者家属抚恤问题的请示

最高人民法院：

据我省××县人民法院报告，他们对交通肇事致被害人死亡，是否给予被害者家属抚恤的问题，有不同意见。一种意见认为，被害者若是有劳动能力的人，并遗有家属要抚养的，给予抚恤。另一种意见认为，只要不是由被害者自己的过失所引起的死亡事故，不管被害者有无劳动能力，都应酌情给予抚恤，我们同意后一种意见。几年来的实践经验证明，这样做有利于安抚死者家属。

以上意见当否，请指示。

××省高级人民法院
××××年×月×日

【评析】

正文内容简洁明了，请示事项单一明确。以"据……报告"作行文依据、背景，然后对交通肇事致被害人死亡是否给予其家属抚恤的问题提出两种不同意见，同时表明行文单位的倾向意见，最后，请求上级单位给予指示。

【例文2】

××分公司关于增加"优秀员工"指标的请示

总公司：

在过去的一年中，我公司全体员工积极拼搏，各项业绩取得巨大进步，开工面积较上年增加30万平方米，竣工面积增加25万平方米，创造经济效益3亿元，利润较前一年增长50%，员工数量增加200余人。今日总公司下发的《关于评选2016年度"优秀员工"的通知》中给我公司分配的指标为10人，与上年持平。考虑到我公司所取得的突出业绩，尤其是员工总数量有较大提高，特请求增加我公司"优秀员工"指标，由原来的 10 人增加为 20 人。

特此请示，请审批。

××分公司
2016 年 5 月 10 日

【评析】

这份请示是请求上级增加名额指标的求批性请示，即请求上级批准有关事项。本文首先阐述请求的缘由，充分而必要；接着提出请求事项，明确具体；最后使用请示特定的结束语结尾。全文内容层次清楚，格式规范完整。

【拓展练习】

（一）简答题

1. 请示和报告有哪些区别？
2. 写作请示的注意事项有哪些？

（二）病文修改

关于扩建县人民医院的请示报告

××县人民政府：

我局所属县人民医院自建院以来已历 30 年，其间虽曾屡次扩建，但均属零星补充，近年来我县经济建设突飞猛进，人口也迅速增加，本院门诊、住院就医人数日益增多，负担极重，原有房屋已无法应付。经我局与本院主管人员共同研讨，认为必须扩建住院大楼一座，初步估计约需××万元，拟请县政府如数拨支为荷。此外，本院医护人员亦感不足，拟增聘 10 人，也请一并批准。

××县卫生局
××××年××月××日

（三）根据材料作文

×××街道办事处在 2008 年先后完成了××东路 1.3 万平方米特色街区改造，对人民东街、新华南路、南京西街沿街 25 栋楼面进行了洗脸修面工程，同时在奥运火炬传递及××市成立 50 周年大庆、创建全国文明城市工作中，垫付了大量经费。目前要给卫生站和流管办人员发放采暖费，需向区政府申请工作经费 5 万元。

请你以此材料代写一份请示。

第八节　批　复

【任务安排】

下文是××省高级人民法院给最高人民法院的一份《关于交通肇事是否给予被害者家属抚恤问题的请示》，最高人民法院须根据这份请示制发一份公文对该事项作出答复。

关于交通肇事是否给予被害者家属抚恤问题的请示

最高人民法院：

据我省××县人民法院报告，他们对交通肇事致被害人死亡，是否给予被害者家属抚恤的问题，有不同意见。一种意见认为，被害者若是有劳动能力的人，并遗有家属要抚养的，给予抚恤。另一种意见认为，只要不是由被害者自己的过失所引起的死亡事故，不管被害者有无劳动能力，都应酌情给予抚恤，我们同意后一种意见。几年来的实践经验证明，这样做有利于安抚死者家属。

是否妥当，请批复。

××省高级人民法院
××××年×月×日

【思维引导】

★ 完成这份批复需要做哪些准备？
★ 批复的格式是什么？

【必备知识】

（一）批复的含义和用途

批复适用于答复下级机关的请示事项。

批复只能用于直接隶属关系和业务指导关系的上下级之间，不相隶属的机关和平级机关之间不能使用。

（二）批复的特点

1. 被动性

行政公文中，批复和请示是唯一对应的一组文种。批复是专对请示的被动行文，它是应下级机关发来的请求而行文。

2. 针对性

批复是针对请示内容和请示的发文机关而发的，一事一复，具有鲜明的针对性。

3. 决定性

批复对请示的事项予以明确的表态：同意或不同意、批准或不批准，具有指示、决定的性质。

（三）批复的分类

1. 指示性批复

针对下级机关请示中提出的有关方针、政策性问题所做出的答复。在答复时可就某一方面的工作或活动提出指导性的要求。

2. 解决问题性批复

针对下级机关请求解决的具体困难所做的答复。

（四）批复的结构和写法

1. 标题

批复的标题与其他文种相比形式较多，主要有以下几种：

（1）由发文机关、批复事项、行文对象和文种构成。如《××总公司关于扩建业务大楼给第三分公司的批复》。

（2）由发文机关、事由和文种构成。如《国务院关于编撰中华大辞典问题的批复》。

（3）由上级机关态度、事由和文种构成。如《关于同意人文社科系举办秘书训练班的批复》。

（4）由发文机关、请示标题和文种构成。如《××市人民政府对<关于处理沿江路3号商业大厦失火事故请示>的批复》。

2. 正文

批复的正文包括批复依据、批复内容和结语三个部分，下面分别进行介绍。

（1）批复依据。这是批复的根据和缘由，首先要引述来文，引用公文应当先引标题，后引发文字号。通常表述为"你局《关于……的请示》（×局〔20××〕××号）已收悉"；第二要说明批复的依据，如"经××办公会研究""经研究"或者"根据××有关规定"，也可以省略；第三用承起语"现批复如下"等惯用文引出下文。

（2）批复内容。这是批复的主要部分，主要针对下级机关的请示事项给予明确答复或者具体指示。一般而言，若下级机关在请示中提出疑难问题请求解答，则上级在批复中根据有关政策作答；若下级机关提出工作处理意见请求批准，批复则鲜明地表明是否批准的态度。

若不批准下级请示，应当说明理由，以使下级机关自觉接受，并及时做好相应准备；若批准下级机关请示，要对请示事项提出处理意见，必要时作出若干指示，指明应注意的问题，或者针对下级机关处理意见中不全面、不正确的部分加以补充或纠正。

（3）结语。在结尾处可用"特此批复""此复"等惯用语结束，现在批复结尾的惯用语多省略不用，以求简洁。

【例文1】

××总公司关于同意拨款修建地下消火栓的批复

××食品公司：

你公司《关于提请拨款增设地下消火栓的请示》（××食字〔××××〕×号）已悉。经研究批复如下：

同意你公司在仓库库区范围内修建四处地下消火栓，有关手续请尽快同消防部门联系办理。

拨款3万元作为你公司修建消火栓专项包干用款，要求专款专用，不得挪作他用。不足部分请自筹解决。

××××年××月××日

【评析】

本批复正文先引叙来文标题，然后用"经研究批复如下"引出批复事项，即同意拨款修建地下消火栓，并对有关手续、款项的筹集和使用等问题提出了要求。全文针对性强，态度明确，要求具体。

【例文2】

××县人民政府关于××乡人民政府兴建砖瓦厂问题的批复

××乡人民政府：

你乡××××年4月16日《关于兴建砖瓦厂的请示》(××发〔××××〕×号)收悉。经研究，现答复如下：

改革开放以来，农村盖房使用砖瓦量确实明显增加，因此各乡纷纷兴建了砖瓦厂。据调查，我县已经有百分之四十的农户盖了新房；约百分之三十的农户近年内不拟盖新房，砖瓦需求量相对趋于缓和。其余拟盖房所需砖瓦的数量，我县现有砖瓦厂完全可以满足。因此，凡申报新建砖瓦厂的请求一律不予同意，以免供过于求，出现新的问题。

特此批复。

××县人民政府
××××年××月××日

【评析】

这是一则不批准请求事项的批复。正文首先引叙请示标题及文号，以"经研究，现答复如下"引出否定新建砖瓦厂的理由。全文在以"特此批复"作结前，还附带对同类请示做了表态，具有很强的工作导向性。

这份批复由于不同意请求事项，因而重点放在表述不同意的理由和根据上。以调查了解的数据作为理由和根据，针对性强，令人信服。

【拓展练习】

（一）判断题

1. 批复应一文一事。（   ）
2. 如果同意下级单位的请示事项，可以不必说明同意理由，表明态度即可。（   ）
3. 如果不同意下级单位的请示事项，一般还要说明不同意的理由。（   ）
4. 批复内容若涉及其他部门，为了体现上级机关的权威性，起草批复时不必与有关部门协商。（   ）

（二）病文修改

关于修建新办公大楼请示的批复

×××厂：

  有关请示已悉。关于修建新办公楼一事，经研究，还是以不建为宜。特此批复。

××××有限公司
××××年×月×日

第九节　意见

【任务安排】

  ××职业技术学院学生对学校食堂的饭菜质量不太满意，××系在调查了解情况后，拟向学校建议，现请你以××系的名义拟写一份上报学校的意见，希望解决学生饮食问题。

【思维引导】

★ 完成这份意见需要做哪些准备？
★ 向上级提意见应注意哪些方面？
★ 完成这份意见如何构思？

【必备知识】

（一）意见的含义和用途

  意见适用于对重要问题提出见解和处理办法。

  意见可以用于上行文、下行文和平行文。作为上行文，主要是对某一主要问题或某一方面的工作提出看法和建议，呈报上级批准或批转执行；作为下行文，主要是对工作做出部署安排、阐明指导方针、提出具体意见；作为平行文，主要是向平行机关和不相隶属机关提出咨询、阐明主张或征求意见，提供建议给对方作为参考。

（二）意见的特点

1. 广泛性

  意见的发文机关无级别的限制，上至国务院，下至基层政府都可以使用这一文种。意见内容所涉及的范围也非常广泛，只要是对工作的建议、设想、措施、办法，都可用意见的形式行文。

2. 多向性

意见的行文方向不受限制，可根据需要作为上行文、下行文或平行文。

3. 灵活性

下行的"意见"可带批示性，对受文单位有一定的约束力，但又不是强制性规定；上行、平行则不具约束力。

（三）意见的分类

1. 按照意见的内容和作用，可将其分为指导性意见、建议性意见

（1）指导性意见。它用于上级机关对重大问题、重大事项以及重要工作向下级机关提出具有指导性、指示性的意见，对重要工作作出部署安排等。这一类型的意见也常常作为指示性决定、指示性通知的补充，用于对已部署的工作作出补充性的指示或建议，以进一步明确工作的重点和要求，纠正或防止偏差。

（2）建议性意见。它用于下级机关对重大问题提出见解，提供解决办法，并请求上级机关批转、转发。这类意见一般都要提出批转要求，一经上级机关同意并予以批转后，便对有关单位和人员具有了指导和约束作用。

2. 按照行文方向的不同，可以将其分为下发性意见、上报性意见、平行性意见

（1）下发性意见。它是上级机关向下级机关提出规定性、部署性的工作意见，对下级机关具有指导性。此种意见一经下发，即产生一定的权威性和法定效力，如果对贯彻执行有明确的要求，下级机关应遵照执行；如果无明确要求，下级机关可参照执行，如《教育部关于切实加强和改进高等学校学风建设的实施意见》。

（2）上报性意见。它是下级机关向上级机关就某项工作提出的建议性意见或请求上级机关批转执行的意见。上级机关应对下级机关报送的"意见"做出处理或者给予答复，经上级机关批转后代表上级的意志。如《关于依法保护国有农场土地合法权益的意见》，是国土资源部和农业部向国务院联合上报的意见，国务院同意后，由国务院办公厅以"通知"的形式转发给有关机关。

（3）平行性意见。它用来向平行机关或不相隶属机关提出看法、主张或征求意见的意见。

（四）意见的结构和写法

意见的基本结构由文首、正文和文尾构成。文首包括标题、主送机关；正

文由前言、主体和结语组成；文尾主要是成文日期。

1. 标题

意见的标题通常是由发文机关、事由和文种组成，如《民政部关于进一步开展经常性社会捐助活动的意见》；也有一部分是由事由和文种构成，如《关于培育中小企业社会化服务体系若干问题的意见》。

2. 主送机关

根据意见的行文方向、内容和发布范围而确定。一般情况下，用于上报的意见，写明主送机关；用于下发的意见，执行范围比较明确、针对性较强的，要写主送机关；涉及面较广的，可不写主送机关。

3. 正文

意见的正文一般由前言、主体和结语三个部分组成。

（1）前言。一般要简要说明提出意见的依据、目的和背景，然后用"现提出如下意见"之类的文字导入主体。

（2）主体。主体的作用是对重要问题阐述具体见解和处理办法。不同类型的意见，其主体内容各有侧重。指导性意见应当在准确掌握情况的基础上，抓住要害，指出存在的问题并理性分析问题发生或存在的原因，最后提出切实可行的办法。建议性意见应把重点放在解决问题的办法、措施上。

阐述自己所要提出的意见。一般有两种写法：一是分"部分"写法。将所要表达的意见，分成几个部分，每一部分之下，再分条或分段陈述。各部分根据内容表达的需要，分别阐明工作的指导思想和基本原则、工作的任务目标、措施步骤等项内容。二是分条分段写法。每条阐述一条意见。每一条内部采用段首撮要的方式。如果用一个段落尚不能完全把意见表述清楚，可以再在条下分段或分款。

（3）结语。这部分一般是向受文者提出加强领导的总体要求。如果这些要求在主体部分已说清楚，则可省略。根据不同的内容选用适当的结语，如"以上意见，请结合实际情况贯彻执行"。如果是需要上级批转的意见，结尾处则应写上"以上意见如无不妥，请批转各地各部门执行"等之类的结语，作为全文的收结。

4. 文尾

一般在文尾注明发文日期，并加盖发文机关印章。

【例文1】
关于2013—2014学年度第一学期教学检查的实施意见

各系：

本学期教学检查将结合"校风建设活动月"的有关活动进行。为做好本次教学检查工作，特提出以下实施意见：

一、检查的主要内容

（一）各年级各专业理论教学、实践教学和教学管理的存在问题及对策。

（二）各专业教学计划的执行情况、教学进度、前后课程内容衔接的合理性、教学大纲的执行情况及效果。

（三）教师教学情况，包括教学态度、教学方法、教学效果、教案和批改作业等情况。

（四）实操、实验、实习课程的组织管理措施及效果。

（五）学生出勤、课堂纪律、晚自习纪律情况等。

二、检查时间

教学检查时间安排在第10~13周，即11月5日至12月2日。

三、检查方式

（一）根据新修订的《教学工作质量检查暂行办法》（简称《办法》）实施检查，教师教学质量检查继续采用教师（包括系、部、教研室）互相评议以及学生评议相结合的方式进行。学生评议部分采用《教师教学质量调查表》，并用计算机处理结果。希望各系根据《办法》的要求认真做好检查工作。

（二）开展教师互相听课和评教活动。

（三）各系分别召开教师和学生代表座谈会。

（四）学院教学督导对各系进行听课等形式的教学抽查。

（五）对教学质量调查结果不合格的教师（包括外聘专任教师），各系需采用适当的方式进行整改。

四、其他

（一）希望各系领导高度重视教学检查工作，认真做好工作部署。在组织学生进行教师教学质量调查时，应要求学生按调查表中各项指标逐一实事求是地评价。要求全体学生集中参加评估。

（二）请各系注意总结经验，对教学检查过程中发现的有关问题，尤其是学生反映的突出教学问题，须按"便教、利教、为教"的要求，积极、及时地进行整改。

（三）各系须在第 14 周把教学检查工作的有关情况和《系（部）教师教学情况综合评定表》上报教务处和人保处。教学质量情况，将作为教师评先、晋级的重要依据之一。

（四）第 10～13 周旷课 10 节以上的学生统计表请各系交教务处。

（五）教学检查过程中如有新情况、新问题，请各系及时报告我处。对系教学检查的进展情况，教务处将进行抽查。

附件：教学工作质量考核暂行办法

××学院教务处
2013 年 10 月 9 日

【评析】

这是一份为实施教学检查而制发的实施性意见。这类意见与工作通知的写法相似，但执行力度比工作通知有更大的弹性。全文态度明朗，条理清楚，语言明晰。由于教学检查是学校的常规工作，因而前言部分对教学检查的重要性等作了省略。文章对实施教学检查的内容、时间、方式提出了明确的要求，而将其他方面的诸多要求统一归入"其他"一类，这种写法也是可取的。

【例文 2】

××市农业委员会
关于发展我市观光旅游农业的意见

××市人民政府：

随着我市农业产业结构调整步伐的加快和人民生活水平的不断提高，发展观光旅游农业已成为农村经济新的增长点。为科学有效地开发利用农业资源，促进农村经济发展，现就发展我市观光旅游农业的有关问题，提出如下意见：

一、指导思想、任务目标与原则

（一）指导思想

贯彻落实科学发展观，以农业资源综合开发利用和保护为基础，以提高经济和社会效益为中心，逐步把观光旅游农业培育成具有一定生机和活力的新兴产业，促进农村经济全面发展。

（二）任务目标

力争经过 5~10 年的努力，在旅游景区周围、交通干线两侧和主要农副产品生产基地，构筑起点、线、面相结合的全市观光旅游农业新格局；建立起一批不同特色、不同层次和规模，具有观光、休闲、体验和科普等多功能的观光旅游农业基地；通过发展观光旅游农业，进一步优化农村经济结构，增加农民收入，加快农村城镇化发展步伐。

（三）遵循原则

……

二、区域布局与重点项目

全市发展观光旅游农业，按照由近及远、功能配套、点线面连接，依托农业资源，结合旅游景区建设的构思进行布局。

近期抓好以下重点项目：（略）

三、几项政策措施

（一）观光旅游农业享受农业税收的有关政策

利用"四荒"资源兴建的项目，执行"四荒"开发的相关政策。

（二）加大对观光旅游农业建设项目的投入

观光旅游农业是农业发展和农民增收的新增长点。市、县（市）区要作为扶持的重点，分别列出专项资金，用于项目基础设施的扶持投入或贷款贴息，各级计委、农业、林业、水利、交通、供电、电信等部门，要根据职责分工，对市里规划建设的重点给予积极支持。

（三）搞好观光旅游农业的服务设施建设

景区建设是观光旅游农业的基础，必须高起点、高品位规划，高标准、高质量建设，并与农田水利、农村小城镇、旅游景区、农业科技园区以及农业结构调整结合起来。根据项目进展情况，适时开辟观光旅游专线，为市民出游提供方便。加强导游人员的业务培训，搞好餐饮、娱乐和住宿等服务业的配套项目建设，并尽快开发观光农业产品、生态旅游商品，不断丰富观光旅游农业的内涵。

以上意见如无不妥，请批转各县（市）、区及市各部门执行。

××市农业委员会

××××年××月××日

【评析】

这是上送上级机关的建议性意见。标题采用完全式标题，正文开头交代行文的背景、原因，目的句之后以文种承启语"提出如下意见"引出主体（事项），即对如何发展我市观光旅游农业的见解，有"指导思想、任务目标与原则"，有"区域布局与重点项目"，还有"几项政策措施"，考虑合理，内容周全，措施适当。文末以呈转类建议意见的习惯用语作结。此文一旦经市政府同意批转以后，就成为了市政府对发展全市观光农业的指导性意见，具有一定的行政约束力。

【拓展练习】

（一）简答题

1. 意见（下行性意见）与决定的区别是什么？
2. 意见（平行性意见）与函的区别是什么？

（二）病文修改

××市物价局关于对招待所加强管理和整顿的意见

市政府：

我局最近发现，各地招待所普遍存在收费混乱、物价不符的情况，主要是这些招待所向对外宾馆的收费标准看齐，多收费积小钱柜，用作请客送礼，管理不严，无统一收费标准等原因。我们认为，很有必要对招待所加强管理，实行统一的收费标准。为此，特提出如下意见或建议：

（一）招待所房费不分淡旺季，不搞浮动价一律实行一个价。

（二）招待所是为公差、会议服务的，不宜追求室内的高级豪华。要根据不同条件制定分等级的收费标准。

（三）建议招待所标准房每天房费，中等城市按××元收取、小城市按××元收取。

（四）各县物价局应会同财政部门评定出本县招待所的房费标准，并将检查及评定情况向我局作一次书面汇报。

以上意见如无不妥，请批转有关单位执行。

××市物价局
××××年××月××日

（三）根据本节任务安排，写一篇上送学校的解决学生饮食（或其他）问题的意见。

第十节　函

【任务安排】

李晓大学毕业后被招聘到利恩有限公司总经理办公室做文员。利恩公司与多家贸易公司有合作关系。年底财务部门开始结账，发现一家名叫"兴信"的公司欠款100万。"兴信"公司是利恩公司的合作单位，合作多年，关系良好。兴信公司于2015年2月向利恩公司借款100万用于扩展公司业务，本来说好2015年5月份还的，但一直未还。领导要求李晓就此事向"兴信"公司去一封函，要求对方在2015年12月31日前还款，以利于公司结账。

【思维引导】

★ 完成这份催款函需要做哪些准备？
★ 应该怎么写，才能让对方尽快还款？
★ 函的格式是什么？

【必备知识】

（一）函的含义和用途

函，适用于不相隶属机关之间商洽工作、询问和答复问题、请求批准和答复审批事项。

函的使用范围很广，平行机关或不相隶属机关间联系工作时可以使用函，上下级机关之间联系、询问、答复工作时，也可以使用函。

（二）函的特点

1. 使用广泛

使用范围不受级别高低、单位大小的限制，收发函件的单位均以比较平等的身份进行联系。

2. 行文多向性

函可以上行、下行，但多数函作平行文。

3. 用语谦敬性

函反映的是不相隶属机关之间的公文关系，因此要求函的措辞朴实简明，语气平和中正、不卑不亢，并且习惯使用一些谦词敬语，以示礼节和尊重。函是最注重使用文言词汇的公文。

（三）函的分类

1. 按照功能划分

函可分成商洽函、询问函、请批函、告知函。

（1）商洽函。主要用于平行机关或不相隶属机关之间商洽工作、联系有关事宜的函。如商调干部函、联系租赁函、洽谈业务函等。

（2）询问函。主要用于不相隶属机关之间互相询问处理有关问题的函。

（3）请批函。主要指向不相隶属的业务主管部门制发的请批函。有关机关、单位涉及部门业务工作，需向不相隶属的业务主管部门请求批准，但又因互相之间不是上下级的隶属关系而不宜用请示行文，就应使用函。同理，有关主管部门向不相隶属的机关单位批准某些业务事项（例如干部录用、调动、经费拨付等），也应用复函。但在实际工作中，这类函常常误用为请示、报告、批复。

（4）告知函，指主要向不相隶属机关告知有关事宜的函。

2. 按照行文去向划分

函可分成去函和复函。

（四）函的结构和写法

函由标题、主送机关、正文、落款组成。

1. 标题

函的标题有多种写法。如去函的标题有两种写法：一种是完全式，即由发文机关名称、事由和文种组成；一种是省略式，即事由加文种构成。如《关于请求拨款举办民间艺术节的函》。

复函标题需直接标明为"复函"，具体写作形式有三种。一种是"发文机关+事由+回复函对象+文种"，如《国务院办公厅关于悬挂国徽等问题给湖北省人民政府办公厅的复函》，这是较重要的复函常用的标题；第二种是完全式，如《××市海威企业有限公司关于自动考勤打卡机维修问题的复函》；第三种只写"事由+文种"，省略发文机关。

2. 主送机关

一般是一个主送机关，要求写明主送机关的全称或规范式简称。有时也会出现多个主送机关的情况，这就要求一定要写得明确具体，切忌使用不明确的概括性语言。如国家环保总局《关于开展中东部地区生态功能区的函》，主送机关包括19个省、自治区、直辖市政府办公厅，需要一一点明，不可遗漏。如果用笼统的概括性语言，比如写成"中东部各省市区人民政府办公厅"，则会使一些相近的省市提出疑问。所以，函的主送机关如果交代不清，就会给工作带来不便，甚至造成严重后果。

3. 正文

去函的正文开头，一般先写商洽、请求、询问或告知事项的依据、背景、缘由。事项部分应采用叙述和说明的写作方法，既要简明扼要，又要交代清楚。不论是哪一种内容，对哪一级，要求的语气都应是谦和的，既不巴结，也不生硬。结尾可用惯有结语，如"特此函商""特此函告"，也可写"请予支持（协助）"，并紧接"为荷""为盼"等语。"如果要对方回复，则为"请函复""请即函复"等。

复函的正文写法同批复正文写法基本一样，由引语和答复意见两部分组成。引语就是引述来函标题及来函文号。答复意见即针对来函所提出的商洽、询问或请求等问题予以答复，即表示同意或不同意。不同意是什么原因，或应该怎么办，不应该怎么办，或对询问问题做出说明等。常用的结语有"特此函复""此复"等。

4. 落款

除了与其他公文一样具有成文时间，加盖印章以外，如果是请批函，应该在附注处，标注联系人姓名和电话，以便被请求批准机关工作人员联络。

【例文1】

关于商洽委托代培涉外秘书人员的函

××大学文学院：

本集团公司新近上岗的秘书缺乏专门的涉外秘书知识，业务素质亟待提高。据报载，贵院将于今年9月开办涉外秘书培训班，系统讲授涉外秘书业务、公关礼仪、实用文书写作等课程。这个培训项目为我集团公司新上岗的涉外秘书提供了一个难得的在职进修机会。为能尽快提高本集团公司涉外秘书的从业素质，我们拟选派8名在岗秘书委托贵院代培，随该班进修学习。有关代培费用及其他相关经费，将按时如数拨付。

是否慨允，恳请函复为盼。

××集团公司（印章）

××××年××月××日

【评析】

这是份商洽函。正文分六个层次：第一层次写本单位在岗秘书人员的素质亟待提高，这是行文的缘由、背景；第二层次写知悉对方开办秘书培训业务；第三层次认为对方的培训是我方秘书难得的在职进修机会；第四层次以"目的句"（"目的句"指的是"为能尽快提高本集团公司涉外秘书的从业素质）写行文的目的；第五层次即为商洽的事项；第六层次请求对方答复。

文章思路清晰，环环相扣，逻辑性强。"贵院""请函复为盼"一类具谦敬意味的词句，体现了商洽函的语体特征。

【例文2】

××计算机科技有限公司人力资源部关于人事调查的函

三华公司人事部：

我公司正在进行人事调整工作，根据省政府关于重视选拔任用"海归"人才的精神，我部拟推荐××同志担任××部门领导工作。为查实××同志的情况，烦请贵部协助我公司调查以下问题：

一、××同志在贵公司工作的起止期。

二、××同志在贵公司两次受奖，是何奖项？

三、贵公司对××同志表现的评价。

特此函达，请予函复。

××计算机科技有限公司人力资源部

××××年××月××日

【评析】

这是一份询答函，开头开门见山，直叙其事，表明发函的缘由，后面列出询问的事项，简明扼要，最后用习惯用语结尾。整篇文章行文简洁，措词得体，是一篇不错的询问函。

【例文3】

××市统计局关于请求拨款的函

××市财政局：

我局原有132平方米砖瓦结构车库（平房）一处，因年久失修于今年雨季突然倒塌，急需修复。经测算，共需资金30万元。因我局除财政拨款外无另外资金来源，故请能予临时拨款为盼，以便解决车辆越冬之急需。

特此函请，请审批。

××市统计局
××××年×月×日

【评析】

这是一则请批函。因财政局和统计局是平级单位，所以用函来行文。正文先说明请求拨款的原因，然后提出拨款的金额，并表明自己的资金来源，行文流畅，体现了函的语言特点。但如果能把所需金额的测算方案作为附件则可能更好。

【例文4】

关于我市代表团出访波塞雄市和路易港市问题的复函

中华人民共和国驻毛里求斯大使馆：

贵馆×××领事一九九〇年八月三日给我市外事办的信函收悉。关于我市代表团出访波塞雄市和路易港市一事，由于时间太急，来不及办理各种手续，无法在九月下旬成行，届时拟以市长名义发一贺电，祝贺波塞雄市建市一百周年。访毛里求斯一事，推迟到年底待牌楼设计方案定下来才出访，届时是否顺访波塞雄市，请贵馆酌定。

佛山市人民政府
一九九〇年八月二十日

【评析】

这是一则答复函。行文针对来函询问的问题，谈了困难和处理办法，明确、具体地作了答复，措词得当，言简意赅。但需要注意的是，现在成文日期已改为阿拉伯数字了。

【拓展练习】

（一）简答题

1. 请批函和请示有哪些区别？
2. 写作函的注意事项有哪些？

（二）病文修改

关于要求报价的函

×××茶厂经理：

  我们对你厂生产的绿茶很有兴趣，十分想买一批君山毛尖茶。我公司要求不高，只要求该茶叶品质一级，规格为 100 克一包，望你厂能告诉单价报价和交货日期、结算方式等给我公司。

  如果价钱合理，且能给予最好的折扣，我们将做到大批量订货。

  此致

敬礼！

××××副食品公司
××××年×月×日

（三）根据材料作文

  ××公司准备召开员工运动会（具体日期自拟），拟向××大学租用运动场及体育馆。

  1. 请以该公司的名义拟一份致××大学的商洽函。

  2. 代××大学写一份同意租用运动场及体育馆的复函。

第十一节　纪要

【任务安排】

  李惠大学毕业后到一家企业做办公室工作人员。一次公司开中层及以上领导参加的生产工作研讨会，办公室主任请李惠做好会议记录，并且在会后尽快写一份会议纪要，李惠不知道如何下手写会议纪要，请你指导一下。

【思维引导】

  ★ 会议记录和会议纪要的区别是什么？

  ★ 纪要的体例是什么样的？侧重写会议的哪些方面？

【必备知识】

（一）纪要的含义和用途

  适用于记载会议的主要情况和议定事项。

纪要是根据会议记录和会议文件以及其他有关材料加工整理而成的，它是反映会议基本情况和精神的纪实性公文，是记载会议议定事项和重要精神，并要求有关单位执行的一种文体。有的需要下发执行的会议纪要，可以"通知"形式发出，上报时用"报告"形式发出。不加盖印章。

会议纪要有别于会议记录，二者的主要区别是：第一，性质不同。会议记录是讨论发言的实录，属事务文书。会议纪要只记要点，是法定行政公文。第二，功能不同。会议记录一般不公开，无须传达或传阅，只作资料存档；会议纪要通常要在一定范围内传达或传阅，要求贯彻执行。

（二）纪要的特点

1. 综合性

会议纪要是在对会议中各种材料、与会人员的发言以及会议简报等进行综合分析和概括提炼基础上形成的，它具有整理和提要的基本特点。

2. 指导性

这一特性包含两层含义：一是会议本身的权威性；二是会议纪要集中反映了会议的主要精神和决定事项。因而纪要一经下发，将对有关单位和人员产生约束力，起着类似于指示、决定或决议等指挥性公文的作用。会议纪要还可以作为与会同志向单位领导汇报、向群众传达的文字依据。

3. 备考性

一些会议纪要主要不是为了贯彻执行，而是向上汇报或向下通报情况，必要时可作查阅之用。

（三）纪要的分类

（1）按会议的性质和内容分，可分为决议性的会议纪要和情况信息性的会议纪要。

（2）按会议的形式分，可分为办公例会纪要和座谈会纪要。

（3）按会议的任务分，可分为综合会议纪要和专门会议纪要。

（四）纪要的结构和写法

会议纪要的写法因会议内容与类型不同而有所不同。就总体而言，一般由标题、正文、落款、日期构成。下面主要讲标题和正文的写法。

1. 标题

会议纪要的标题有单标题和双标题两种。

（1）单标题。由"会议名称+文种"构成，如《全国高等学校教育工作会议纪要》。

（2）双标题。由"正标题+副标题"构成。正标题揭示会议主旨，副标题标示会议名称和文种。

2. 正文

会议纪要的正文大多由导言和主体构成，具体写法依会议内容和类型而定。

（1）导言。主要用于概述会议基本情况。其内容一般包括会议名称，会议进行的时间、地点、届次，组织者、出席和列席人员名单、主持人，会议议程和进行情况以及对会议的总体评价等。具体写法常见的有两种：

① 平列式。将会议的时间、地点，参加人员和主持人、会议议程等基本情况采用分条列出的写法。这种写法多见于办公会议纪要。

② 鱼贯式。对会议的基本情况作一段概述，使人看后对会议有个轮廓了解。

（2）主体。这是会议纪要的核心部分。反映会议的主要精神、讨论意见和议决事项等。根据会议性质、规模、议题等不同，一般有以下几种写法：

① 条项式写法。把会议讨论的问题和议定的事项分条分项写出来。办公会议纪要、工作会议纪要多用这种写法。

② 综述式写法。将会议所讨论、研究的问题综合成若干部分，每个部分谈一个方面的内容。较复杂的工作会议或经验交流会议纪要多用这种写法。

③ 摘记式写法。把与会人员的发言要点记录下来。一般在记录发言人首次发言时，在其姓名后用括号注明发言人所在单位和职务。为了便于把握发言内容，有时根据会议议题，在发言人前面冠以小标题，在小标题下写发言人的名字。一些重要的座谈会纪要，常用这种写法。

（3）结语。纪要的结尾有三种形式：用提出希望和号召来结尾；对会议作出评价或向会议主持单位致谢等结语；内容讲完后直接结尾，不用专门的结语。

3. 落款

会议纪要的时间可以写在正文的右下方，也可以写在标题的下方。

（五）纪要的注意事项

1. 内容的纪实性

会议纪要如实地反映会议内容，它不能离开会议实际搞再创作，否则就会失去其内容的客观真实性。

2. 表达的提要性

会议纪要是根据会议情况综合而成的，因此撰写会议纪要时应围绕会议主旨及主要成果来整理、提炼和概括，重点应放在介绍会议成果，而不是叙述会议的过程。

【例文1】

<h3 style="text-align:center">××县人民政府第六次常务会议纪要</h3>

时间：××××年×月×日上午八点半至十二点

地点：县政府常务会议室

主持：县长×××

出席：副县长×××、××、××、×××办公室主任×××

请假：×××（出差）

列席：×××、×××、×××

记录：×××

现将会议讨论及决定的主要事项纪要如下：

一、会议听取了副县长×××关于召开经济工作会议准备的情况汇报，讨论了扩大县属企业自主权的十条规定。会议同意县经济工作会准备情况汇报，并决定于×月×日召开全县经济工作会议。今年各项经济工作指标，要以市经委下达的为准，不再调整县原各公司的主要经济指标。在县经济工作会议上，由县经委与县原各公司签订经济责任书。

二、会议原则同意县民政局关于民政事业费管理使用办法的修订意见。

三、会议同意将县政府办公室提出的转交机关工作作风的规定意见（讨论方案）印发各部门，广泛征求意见，作进一步修改后，以县政府文件印发。

××县人民政府办公室
××××年××月××日

【评析】

这是一份条项式会议纪要。正文导言部分介绍了会议主题、会议时间、地点、主持人以及出席人。紧接着开门见山，用一句话直接引出下文，然后把会议内容和议定事项，分条列出来。简明扼要，条理清晰。

【例文 2】

全国中等职业学校教师在职攻读
硕士学位工作座谈会纪要

  2001年3月23日至24日全国中等职业学校教师在职攻读硕士学位工作座谈会在厦门大学召开，教育部职业教育与成人教育司和国务院学位委员会办公室的领导同志、中等职业学校教师在职攻读硕士学位工作专家指导小组的专家、13所开展中等职业学校教师在职攻读硕士学位工作的院校的研究生院（处）和职教学院的院（处）长，以及有关高等学校的同志出席了座谈会。福建省教育厅和厦门大学的领导同志出席开幕式并致辞表示祝贺。

  这次会议的主要内容是总结2000年中等职业学校教师在职攻读硕士学位工作；成立中等职业学校在职攻读硕士学位专家指导小组；研究部署2001年的有关招生工作。在座谈会上，2000年中等职业学校教师在职攻读硕士学位入学考试统考科目的命题组长汇报了对命题与考试情况的分析，湖南农业大学、东北财经大学、厦门大学的代表就本校中职教师在职攻读硕士学位工作的进展情况作了大会交流，专家指导小组秘书处就起草《制定中等职业学校教师在职攻读硕士学位培养方案的指导意见》《全国中等职业学校教师在职攻读硕士学位工作专家指导小组章程》等文件作了说明。专家指导小组的专家和各高等学校研究生院（处）、职教学院与会代表，从不同的角度就如何做好中等职业学校教师在职攻读硕士学位工作进行了研讨，提出了许多富有建设性的意见和建议。

  教育部职业教育与成人教育司司长黄尧同志介绍了当前职业教育与成人教育面临的形势和"十五"期间职成教改革发展的目标任务和工作思路。黄尧同志指出高素质的教师队伍，是高质量教育的一个基本条件。发展中等职业教育，师资培养必须先行。开展中等职业学校教师在职攻读硕士学位工作是加强我国职教师资队伍建设、培养一批跨世纪专业带头人的有效途径，将对我国职业教育质量和水平的提高产生深远影响。开展中等职业学校教师在职攻读硕士学位工作要遵循"精心组织，严格标准，保证质量，办出特色"的准则。

  国务院学位委员会办公室副主任李军同志就中等职业学校教师在职攻读硕士学位培养工作并针对座谈会讨论的一些热点问题作了讲话。李军同志在讲话中强调，中等职业学校教师在职攻读硕士学位工作是构建终身教育体系的组成部分，它属于研究生教育的范畴，但又不同于培养学术性研究生，是培养应用型人才的新类型。中等职业学校教师在职攻读硕士学位，对相应的教育水平、科研能力、质量标准要求比较高，在其专业领域内应掌握比较扎实的理论知识和专业知识，同时作为师资，还要具备从事职业教育所需要的比较扎实的应用性理论和知识。中职教师有着特定的来源、特定的行业界定以及特定的目标，对中职师资的培养，首先是学术水平、理论水平要求要达到硕士学位的相应水平，其次是应用性内容，包括教材、教法等方面，也要达到相应的要求。因此，培养中职师资就不能按照学术性人才的标准来要求，不能按照现有学科专业要求的标准来套，而要按照中职师资培养目标进行培养工作。这对培养学校提出了全新的研究课题，培养学校要加强对此项工作的领导，加强管理，严格要求。研究生管理部门要在此项工作中起主导作用，要把开展中等职业学校教师在职攻读硕士学位工作的目的、意义给学校有关部门、学位评定委员会的委员们、指导教师们讲清楚，让他们理解。这项工作涉及的部门比较多，范围相当广泛，研究生管理部门、职教学院和有关部门要协调配合、统筹考虑。

李军同志指出，现在中职师资攻读硕士学位，授予的学位是相应学科专业的学位，而不是为中职教师单设立的学位。他建议培养学校探索建立一种能够符合要求的培养规格、模式，既能保证研究生培养的标准和要求，又能体现职教师资的特殊性，把研究生教育与职教师资培养的结合点找好。

教育部职业教育与成人教育司、国务院学位办对新成立的专家指导小组寄予了很大的希望。会议强调指出，要重视发挥专家指导小组的作用。培养中职师资，不管哪个类型的学校，其核心课程都要按照相应的目标和标准进行设置，要符合研究生层次教育的基本要求，选修课、辅修课则要体现学科专业的特点，发挥学校办学的特色。职成教司和学位办希望专家从整个事业的发展，从职教师资培养工作的角度考虑这些问题，而不是把自己作为一个学科、一个部门、一个学校的代表。做好中等职业学校教师在职攻读硕士学位工作，需要职教方面的专家、研究生教学管理方面的专家、用人部门即中职学校的专家共同努力，把这项事关全局的工作做得更好。

会议确定，今年在职攻读硕士学位的统一招收报名工作届时由国务院学位办统一布置，全国联考将于10月13、14日两天进行。

××××年××月××日

【评析】

这是一份综述式会议纪要。导言部分介绍了会议的基本情况，包括会议召开的时间，会议的承办单位、会议名称，以及出席会议的领导人等。之后概述了此次会议的主要内容，并对重要人物的讲话进行了摘要式的概括。最后指出会议强调的事项及确定的联考时间，行文有序，结构清晰。

【拓展练习】

（一）简答题

1. 会议记录和会议纪要的区别有哪些？
2. 纪要的注意事项有哪些？

（二）根据下列会议记录写一份会议纪要

××市城南开发区管委会办公会议记录

时间：2013年4月8日上午

地点：管委会会议室

主持人：李××（管委会主任）

出席者：杨××（管委会副主任）、周××（管委会副主任管城建）、李××（市建委副主任）、肖××（市工商局副局长）、陈××（市建委城建科科长）及建委、工商局有关科室宣传人员、街道居委会负责人。

列席者：管委会全体干部

记录：邹××（管委会办公室秘书）

讨论议题：

1. 如何整顿城市市场秩序。
2. 如何制止违章建筑、维护市容市貌。

杨主任报告城市现状：我区过去在开发区党委领导下，各职能单位同心协力、齐抓共管在创建文明卫生城市方面取得了一定成绩，相应的城市市场秩序有一定进步，市容街道也较可观。可近几个月来，市场秩序倒退了，街道上小商贩逐渐多起来，水果摊、菜担、小百货满街乱摆……一些建筑施工单位沿街违章搭棚。乱堆放材料，搬运泥土撒落大街……这些情况严重地破坏了市容市貌，使大街变得又乱又脏；社会各界反应很强烈。因此今天请大家来研究：如何整顿市场秩序？如何治理违章建筑、违章作业、维护市容……

讨论发言（按发言顺序记录）

肖××：个体商贩不按规定到指定市场经营，管理不得力、处理不坚决，我们有责任。这件事我们坚决抓落实：重新宣传市场有关规定，坐商归店、小贩归市、农民卖蔬菜副食到专门的农贸市场……工商局全面出动抓，也希望街道居委会配合，具体行动方案我们再考虑。

罗××（工商局市管科科长）：市场是到了非整不可的地步了。我们的方针、办法都有了,过去实行过,都是行之有效的,现在的问题是要有人抓,敢于抓落到实处。……只要大家齐心协力问题是能够解决的。

秦××(居委会主任):整顿市场纪律我们居委会也有责任。我们一定发动群众配合好,制止乱摆摊,乱叫卖的现象。

李××(建委副主任):去年上半年创建文明卫生城市时,市上出了个7号文件,其中规定施工单位不能乱摆战场。工棚、工场不得临街设置,更不准侵占人行道。沿街面施工要有安全防护措施……今年有的施工单位不顾市上文件,在人行道上搭工棚、堆器材。这次违章作业严重地影响了街道整齐、美观,也影响了行人安全。基建取出的泥土,拖斗车装得过多,外运时沿街散落,到处有泥沙,破坏了街道整洁。希望管委会召集施工单位开一次会,重申市府7号文件,要求他们限期改正。否则按文件规定惩处。态度要明确、坚决。

陈××:对犯规者一是教育,二是逗硬。"不教而杀谓之虐",我们先宣传教育,如果施工单位仍我行我素不执行,那时按文件逗硬处理,他们也就无话可说。

周××:城市管理我们都有文件、有办法,现在是贵在执行,职能部门是主力军,着重抓,其他部门配合抓。居委会把居民特别是"执勤老人"(退休职工)都发动起来,按7号文件办事,我们市区就会文明、清洁、面貌改观……

与会人员经过充分讨论、协商,一致决定:

1. 由工商局牵头,居委会和其他部门配合,第一周宣传、第二周行动,监督实施,做到坐商归店,摊贩归点,农贸归市,彻底改变市场紊乱状况。

2. 由管委会牵头,城建委等单位配合对全区建筑工地进行一次检查。然后召开一次施工单位会议,对违章建筑、违章工场限期改正。一个月内改变面貌。过时不改者,坚决照章处理。

散会。

主持人(签名)
记录人(签名)
2013年4月8日

第四章　事务类文书

【本章导读】

事务文书是各级各类机关、企事业机构、社会团体等管理、运作、处理日常公共事务工作时经常使用的一类文书。事务文书是以主体需要、客体实用为目的的文稿写作，具有鲜明的政策性、广泛的实用性、体式的灵活性、语言的通俗性、联系实际的现实性等特点。事务文书的种类很多，本章将着重介绍计划、总结、调查报告、策划书等文种。

第一节　常用事务文书概述

一、事务文书的含义和用途

事务文书是各级各类机关、企事业机构、社会团体等管理、运作、处理日常公共事务工作时经常使用的一类文书。

常用的事务文书包括计划、总结、调查报告、述职报告、规章制度等。

事务文书处理的日常事务亦为公务，所以事务文书属于广义的公文范畴，缺乏法定公文的强制性，只有辅导性和指导性。

事务文书与狭义公文（党政机关公文15种）的区别在于：一是无统一规定的文本格式；二是不能单独作为文件发文，需要时只能作为公文的附件行文；三是必要时它可公开面向社会，或通过传媒宣传（如经验总结、调查报告等）。

二、事务文书的特点

1. 对象的明确性

事务文书的写作有明确的对象、特定的读者，对对象有明显的约束力，一般来说对象非阅读不可。如给所属上级单位的计划、总结、简报、调查报告等，所属上级单位或领导必须阅读。

2. 内容的实效性

事务文书是直接用来处理事务工作的，要注意实用，讲求效率。为此，事务文书从主旨的确立到材料的使用都必须切合实际，讲求效率；写作形式的运用也要讲求实际和效率，便于文书内容的落实和处理。

3. 一定的程式性

事务文书一般都有一定的程式性，有约定俗成的惯用格式。虽然它不像法定公文那样有着严格的格式要求，但在长期的应用中，事务文书的实用性和真实性决定了它逐渐形成了较为稳定的结构层次、习惯用语、处理程序等组成要素。虽然格式上有一定的灵活性，但总体上是相对稳定的。

4. 较强的时限性

事务文书总是针对工作、生活中的具体事务而撰写的。而一项工作任务的完成，一个问题的解决，大都有一定的时间要求，虽然它没有法定公文那样紧迫，但同样也要在限定的时间内及时完成，否则很难发挥事务文书的作用。

三、事务文书的作用

1. 宣传教育作用

事务文书通过分析形势、申明政策，或者介绍经验、表彰先进及揭露时弊、抨击丑恶，可以起到宣传教育群众，使人们统一认识，并提高政策水平和工作热情的作用。

2. 沟通和指导工作作用

事务文书是沟通机关、企事业单位的桥梁和纽带。各部门之间既有横向的联系，也有纵向的联系。从纵向的联系来讲，在管理者与被管理者之间、上下级之间，存在着指导与被指导的关系。因此，它具有作为这种关系的指导工作作用。

3. 积累和提供资料作用

有些工作的进行，需要人们积累有关资料，如计划、总结、调查报告、简报等文种，可以集中详尽地反映情况、说明问题，起到为人们提供所需资料的作用。

四、事务文书的写作

1. 写作目的要明确

由于事务类文书都有很强的针对性，写作者在写作时要因事选文、因事务文、因事行文，注重工作的针对性。这就要求写作者首先要具备较高的政策水平，在分析和提炼事物的主题时切中要害，做到鲜明突出，使阅读者一目了然。

2. 运用材料要真实

事务类文书的作用决定了文书材料的真实性，决不可虚构和杜撰，也不可夸大或缩小，要注重事实的原本性。因为脱离了真实，便背离了写作的基础，不能起到宣传、沟通和资料保存作用。

3. 写作态度要诚实

人们对事物和情况的认知往往建立在态度上。写作态度也就是工作态度。写作者对工作的兢兢业业通过写作形式和内容充分表现出来。为了提高事务性应用文的科学性和客观性，要求写作者具备广博的学科知识和多才多艺的本领，以新锐的眼光看待人和事，以简洁的语言书写复杂的生活，把需要表达的事物言简意赅地讲述出来，真正体现应用文写作的实用功能。

【拓展练习】

简答题

1. 事务性文书与行政公文的区别有哪些？
2. 写作事务性文书对写作者有怎样的要求？
3. 事务类文书包括哪些文种？

第二节　计划

【任务安排】

李晓今年 9 月进入大学，为了让自己的大学生活充实，李晓决定制订一个大学学习计划，如何写才能切实可行？

【思维引导】

★ 制订计划的重点是什么？
★ 应该怎么写才能让计划便于执行和考核？
★ 制订学习计划一般采用什么格式较好？

【必备知识】

（一）计划的含义和用途

计划是单位、部门或个人，对在一定时期内所要做的工作或所要完成的目标及任务，预先加以书面化、条理化和具体化的一种常用的事务文书。

制订计划是一种科学的工作方法。古人云："凡事预则立，不预则废。"任何国家、政党，任何单位和个人，无论做任何事，只有制订详细可行的计划，才能避免盲目性，减少不必要的损失，从而提高工作效率，预期或提前完成任务，达到目标。

（二）计划的特点

1. 预见性

计划是着眼于未来的，是对实现目标的预定，是对工作进程的预见。计划的预见是一种科学的预测，是建立在事实和有关情报、信息的基础上的。

2. 可行性

计划的内容应保证切实可行，必须有明确的可行措施和步骤作为保障，使其能够指导具体的工作实践。

3. 时效性

计划的有效时限是明确的、具体的，超出其有效时限，计划的约束力就会消失。在实际工作中难免会有在时限内无法完成既定计划，工作却又不能因此终止的情况发生。此时，往往会制订跨时段的补充或后续计划。

4. 指导性

计划的指导性主要体现在为未来工作提出科学的、合理的、具体的、可行的工作目标、步骤、措施、方法。因此指导性是计划的根本特性，包含着规定和约束的功能，这一特性主要是由计划的写作目的决定的，旨在使有关人员在执行计划、开展工作时有所参照、有所依据，以避免工作的随意性和盲目性。

（三）计划的分类

计划按照其目的、内容和时效可分为若干类型，下面分别进行介绍。

1. 按目的分类

计划按目的可分为工作计划、学习计划、经济计划等。

（1）工作计划。工作计划是单位、部门或个人为完成预定工作目标和任务而制订的计划，如《××省人民政府××××年××工作计划》。

（2）学习计划。学习计划是单位、部门或个人为完成预定学习目标和任务而制订的计划，如《××研究所关于深入学习××××的部署》。

（3）经济计划。经济计划是有关单位、部门为安排生产任务、销售任务或实现经济效益而制订的计划。如《××集团公司××××年三季度营销计划》。

2. 按内容分类

计划按内容可分为综合计划和单项计划等。

（1）综合计划。综合计划是单位、部门对各项工作作出的全面部署和安排。如《××市工商局××××年工作计划》。

（2）单项计划。单项计划是机关单位对某项具体工作作出的专题性部署安排。如《××市教委招生工作计划》。

3．按时效分

计划按时效可分为长期计划、中期计划和短期计划等。

（1）长期计划。长期计划也叫长远规划或长期规划，时效一般在五年及以上，属于宏观性、纲领性的计划。如《××省××市"十一五"计划暨××××年发展规划》。

（2）中期计划。中期计划的时效一般在三年以上五年以下，比长期计划更加具体，常用于宏观管理和某些周期较长的工作安排。如《××省防沙造林工作计划》。

（3）短期计划。短期计划又可分为年度计划、季度计划、月度计划等，是最常用的计划，具有很强的规定性和操作性。如《××厂××××年二季度生产计划》。

（四）计划的结构和写法

1．计划的结构

（1）文章式（文件式、段落式）。如同一般的文章，由层次和段落构成，以叙述的方式陈述计划，适用于原则要求多而具体指标少的计划，如要点、意见、安排等。

（2）条文式。将计划内容列成条文，分条逐项逐一写清，适用于比较具体的近期计划。条文式是写作计划时最常使用的表达形式。

（3）图表式。将计划项目设计为表格或图形，然后填写具体的计划内容。一些内容较多、性质单一的纯粹业务性的计划，如财务计划、购销计划等多采用这种形式。

（4）综合式。有些内容比较复杂的计划，既有文字的说明，又分条列项表述，还需填写表格、图示。

2．计划的写法

（1）标题。标题即计划的名称。可分为全称式标题、简称式标题和文章式标题三种类型。

① 全称式标题：包括制订计划的机关或单位名称、计划的适用时限、计划的内容及计划的种类四项，如《××大学××××年度对外汉语教学工作计划》。

② 简称式标题：包括计划的适用时限、计划的内容和计划的种类三项，如《××××年××局党组理论学习计划》。

③ 文章式标题：一般按计划的主题或要达到的目标拟定，多为政府及主管部门作工作报告时使用，如《厚积薄发，为提高××省地区生产总值而努力》。

（2）正文。正文是计划的主干和核心，一般说来，计划要写明目标和任务、措施和办法、步骤和时间、检查和督促等内容，即做什么、怎么做、什么时候做、检查方法等。

① 前言。前言一般交代计划的目的和依据，是计划的总纲。前言一般不设小标题，篇幅不宜太长，通常用简明扼要的语言说明制订计划的指导思想及目的、上级的有关指示及要求。同时，可适当分析前期计划的执行情况、总的任务和要求，以及说明将要制订计划的条件及依据等。前言写完后，常用"为此，特拟定××计划如下""对××工作作如下安排"等惯用语过渡到主体。

② 主体。是计划正文的核心，一般由目标、措施和步骤三部分组成。目标任务即"做什么"，是某一时段内要完成的工作任务；措施即"怎么做"，要写清楚采取何种办法，利用什么条件，由何单位何人具体负责，如何协调配合完成任务。步骤程序即"何时完成"，要写明实现计划分几个步骤或几个阶段。

③ 结语。应根据实际情况来写。有的结语用来补充正文，指出在执行计划时应注意的事项、需要说明的问题；有的结语提出希望和号召，以收束全文；有的结语展望计划实现时的前景，给人鼓舞；有些将正文中不适宜写的内容放入结语。若无必要，也可不设结语。

【例文】

××西服店××××年"双增节"工作计划

国务院倡导开展"双增双节"活动。为开展好这项活动，我们决定将今年的工作重点调整为"双增双节"活动同深化企业改革一起抓，改善企业经营管理体制，发挥名牌特色产品优势，深入挖掘潜力，以提高经济效益。现根据我商店的实际，确定××××年的工作计划如下：

一、目标

序号	类别	指标	同比
1	销售计划	1 600 万元	比去年的 1 552.8 万元增长 3%
2	周转天数	118 天	比去年的 122.9 天加快 4.9 天
3	平均流动资金	524.4 万元	比去年的 530.5 万元下降 1.15%
4	费用额	85.5 万元	比去年的 70.69 万元下降 3.1%
5	借款利息	19.3 万元	比去年的 20.8 万元减少 1.5 万元
6	削价损失	16.7 万元	比去年的 33.4 万元下降 50%
7	毛利率	19.79 万元	比去年的 18.79 万元上升 1%
8	定制加工	5 460 件	比去年的 5 300 件增长 3%
9	上交税利	262.2 万元	比去年的 255.7 万元增长 2.6%
10	利润	218.9 万元	比去年的 208.5 万元增长 5%

二、措施和做法

（一）扩大商品销售，提高经济效益

1. 抓好产品质量，扩大市场占有率。对产品定期抽样检查，力争正品率达到××%。其中××%的产品质量符合市优和部颁标准。

2. 全面分析和预测市场上各型时装的生命周期，合理选择进货渠道，组织适销对路的原料，增加花色品种，妥善安排工作，做到款式新颖、高雅，并做好必要的储备，以满足市场需要。

3. 开拓新产品，设计新品种，对库存商品不断更新换代，使产、销、调、存出现良好的运行状态。

4. 采取门市销售、预约销售和集会展销等形式，扩大销量。

5. 提高服务质量，引发顾客的购买兴趣，唤起消费者的潜在要求。

（二）抓好横向联系

1. 在全国各地设立特约经销单位。以京、津、沪为据点，向四面扩展；上半年增设××、××、××等×个经销点，下半年再增设××、××、××等×个经销点，逐渐形成一个×××商品的销售网。

2. 利用短期贷款，多生产质量优价格合理的产品，满足各地不同层次的需要。

3. 加强横向联系，了解各地市场的风土人情，分析销售趋势。帮助横向联系单位改进柜台设计和商品陈列，扩大供应能力。

（三）压缩银行贷款，减少利息支出

1. 加速资金周转，对库存商品不断进行清理、分类，及时处理冷、呆、残损商品，防止资金积压。

2. 缩短生产流转的期限，加工产品及时回收，及时上柜，及时回笼资金，以压缩银行贷款，减少利息支出。

（四）降低成本，节约费用

1. 紧密排料，减少损失，降低消耗。

2. 合理调整库存，减少库存量。

3. 紧缩差旅费，节约水电及文具办公费用。

（五）加强经营管理建设

1. 健全财务报表体制，准确反映单位的经济情况，定期分析各项经济指标完成情况，找出问题，及时处理。

2. 加强管理环节，使进、产、销、存的管理系统化、科学化。

3. 对原材料仓库场地、成品仓库场地、商品陈列室等进行合理的布局，对管理人员加以调整充实。

4. 健全各项考核制度，做到"奖不虚施，罚不枉加"。

××××年的任务是艰巨的，但我们有一支热爱商店的职工队伍，有信心完成我们的奋斗目标。

××西服店经理室
××××年一月三日

【评析】

本计划的正文导言，概述了制订计划的依据和工作思路。主体部分首先用表格表述奋斗目标。将每项指标与上年度实绩作比较，显示了"双增双节"的要求，明确、具体、简洁，然后用条文式写实现目标的五项措施和具体做法，可操作性强。结尾表明实施计划的信心。

本计划的一大特色是表格与条文能很好地结合。不足之处有两个：一是计划中没有写明落实措施和做法的具体步骤，二是各项任务没有具体落实到由什么人做。

【拓展练习】

（一）简答题

1. 计划的正文一般怎么写？
2. 写作计划的注意事项有哪些？

（二）讨论下篇计划如何修改

暑假计划

不知不觉中，快到暑假了，在提示着我们在这一年里学习方面到底做得怎样。在学习日语方面我们到底掌握了多少日语，再想想在这一年里，我们是如何度过的，我们应该好好掌握这个暑假努力去学习日语。我觉得我们在这学期学到的知识实在太少了，所以除了书本上学到的，我们可以到书城汲取更多的知识，可以买多点日剧回来看，多听点日语磁带，使我们的知识面更广。

张华
2009 年 6 月

第三节　总结

【任务安排】

应用文写作课程学习即将结束，请对这门课程的学习情况进行总结。

【思维引导】

★ 总结的目的是什么？如何才能达到这个目的？

【必备知识】

（一）总结的含义和用途

总结是单位或个人对过去某一阶段的工作情况进行回顾、分析和评价，从中得出经验教训，为今后的工作提供指导和借鉴的一类文书。简单说，总结过去，是为了将来更好地开展学习、工作与活动。

（二）总结的特点

1. 自指性

总结是自身活动的产物。它以客观评价自身工作活动的经验教训为目的，以回顾自身工作情况为基本内容，以自身工作实践的事实为题材，所总结的理性认识也反映自身工作实践的规律。所以内容的自指性是总结的本质特点。

2. 客观性

总结是对过去一定时期内的工作或活动进行的分析和研究，是在实践的基础上展开的，它的内容必须真实可靠，客观地反映实际情况，不允许无中生有、主观臆造和任意虚构。

3. 指导性

总结是对过去的回顾与思考，其目的在于更好地指导今后的工作。通过对以往工作进行全面系统的检查和分析，从而更好地提高认识、把握规律，进而在今后的工作中做到扬长避短，纠正缺点和错误，将工作做得更好。

（三）总结的分类

总结的分类方法很多，可按性质、内容、时间、范围等来划分。

1. 按照总结内容分

有工作总结、学习总结、教学总结、营销总结、生产总结等。

2. 按照总结性质分

有综合性总结、专题性总结等。

3. 按照总结范围分

有国家总结、地区总结、单位总结、部门总结、个人总结等。

4. 按照总结时间分

有年度总结、季度总结、月份总结、阶段性总结等。在实际使用中，一个总结往往是多种类型总结的复合。

（四）总结的结构和写法

1. 标题制作

一般包括单位名称、时限、事由和文种。综合性总结一般都采用这种形式和标题。专题性总结的标题有以下几种：

（1）主题式。如《建设企业文化是加强和改进企业思想政治工作的必经之路》。

（2）问题式。如《我们是怎样在市场经济条件下坚持党管干部的》。

（3）正副题结合式。如《加速技术改造，完善宏观调控——正确处理技术改造中的七个关系》。

2. 正文制作

结构形式主要有以下五种：

（1）"三段式"结构。即由工作概况、经验体会以及今后打算构成。

（2）"两段式"结构。即由情况加体会构成。

（3）"阶段式"结构。根据工作发展过程中的几个阶段，按时间先后分成几个部分来写。

（4）"总分式"结构。首先概括总的情况，然后分若干项对主要工作一一进行总结。

（5）"体会式"结构。即以体会（而不是以工作本身）为中心来安排结构。

3. 落款

以主要负责人的名义所作的总结，署名在标题下；以单位或党政机关名义总结或发表的，署名可在标题下也可在文末；若标题上出现了单位名称或负责人姓名，则不可另署名。总结日期可加括号放在标题下，也可不加括号放在文末。

【例文】

××小区物业管理处××××年工作总结

一年来，在房产处各级组织和领导的关心和帮助下，在各兄弟单位的理解和支持下，××小区物业管理处经营班子和全体员工经过不懈的努力，实现了年初预定的目标。现将××区物业管理处××××年各项工作总结如下：

一、经营管理情况

完善各项规章制度，建立内部管理机制，管理处经营班子始终把提高物业服务水平、扩大服务范围、由内部服务逐步走向外部服务、争取从市场中获取效益当作今后可持续性发展的必由之路。而要实现这一目标，优质服务是根本的基础所在，为此，我们本着实事求是的原则建立了一系列适应市场经济发展需要和公司发展需要的规章制度，并加大检查落实力度，使各项工作有计划、有方法、有依据、有目的地稳步展开；同时，坚持"以人为本，诚信服务"的原则，改善服务态度，提高服务质量，"想业主之所想，急业主之所急"，各类服务人员认真履行职责，恪尽职守，热情主动，文明礼貌，公正廉洁，及时处理业主报修及投诉等事项，维护业主的合法权益。针对沉陷区业户的特殊情况，制定了一系列服务办法，坚持按照全市最低物业费标准每月 0.2 元$/m^2$ 向住户收取费用，并且将物业服务费用收支情况公开。对于不在物业管理范围内的维修工作，施工单位维修不到位的，管理处也都无偿给予及时修缮，物业报修电话公开。管理处严格按照物业服务合同约定的内容向业主提供服务，规范物业服务收费，提供质价相符的服务，杜绝"收费不规范、承诺不兑现、服务不到位"等现象，提高行业诚信度。

二、物业管理费用收取情况

管理处上下团结务实，服务意识显著提高，物业公司只有不断提高服务质量，才能最大限度地满足商户和业主的需求，才能稳步提升物业收入，树立良好的企业形象。通过管理处全体员工的汗水浇灌，长新小区上半年的工作扎实而富有成效，2008年度共收取物业管理费26万余元，其中长新小区二期住宅的物业费收取率超过70%，网点的物业费收取率也超过了50%，物业管理人员深入到每家每户，认真听取住户的意见与建议，积极采纳并完善。

三、具体维修工作情况

在小区的基本建设及维护方面，管理处维修班积极响应管理处领导和公司的指导方针，努力地把每一项任务完成，认真地对待临时出现的问题。在即将过去的这一年里，管理处办公室的报修电话每天接连不断，然而，维修班的同志们始终怀着一颗火热的心，没有因为休假而停下手中的工作，也没有因为天气炎热而延误工作进程，大家不分上班还是下班，不论白天还是黑夜，都是尽早赶到现场并认真完成。在工作中，他们不管多脏多累，干到多晚，却毫无怨言。一年来，维修班处理各类维修共计2 000余项，保证了小区业户有一个舒适安全的生活环境。

××××年是公司快速发展、硕果累累的一年，无论是经营效益还是企业品牌，都充分得到社会、市场、业户的认可，公司领导也因为他们卓越的贡献得到社会的高度评价。作为××物业的员工，我们深感自豪和充满信心，当然我们也倍感压力，那就是公司快速发展对管理处的要求、公司品牌对物业管理服务品牌的品质要求。

新的目标、新的任务、新的挑战。面对机遇和挑战，我们有理由相信在公司的支持、关爱、帮助下，通过全体员工的精诚努力，协同奋进，开拓进取，××物业××小区管理处未来发展前程似锦，在跟随公司发展的同时，××物业管理公司以及公司全体员工将得到更大的发展，实现公司和员工价值的最大化，实现公司和员工事业的可持续发展。

××××年×月×日

【评析】

这篇文章是××小区物业管理处的年终总结。该总结采用了公文式标题，标明了单位名称、时间和文种。正文由前言、主体和结语组成。前言用于交代背景，总述情况。总结的主体部分详细介绍了××小区物业管理处××××年在经营管理、管理费用收取和维修工作方面所取得的成绩及经验；文章最后两段是结语部分，总结了××小区物业管理处工作所取得的成绩，并提出了新的工作目标。整篇总结条理清晰，层次分明，表意明确。

【拓展练习】

（一）简答题

1. 总结与计划的区别是什么？
2. 总结主体一般写什么内容？各部分内容如何写？

（二）病文修改

××公司上半年工作总结

半年来本公司在精神文明和物质文明方面做了很多工作，取得了很大的成绩。半年来，主要做了以下工作：动员组织公司干部和广大群众学习中央文件；安排、落实全年生产计划；推行、落实工作责任制；修建子弟小学校舍；建方便面生产车间厂房；推销果脯、食品、编织产品；解决原材料不足的问题；美化环境，栽花种草；办了一期计算机培训技术班；调整了工作人员，开始试行干部招聘制。

半年来，在工作繁杂、头绪多而干部少的情况下，能做这么多工作，主要是：

第一，上下团结。公司领导和一般干部都能同甘共苦，心往一处想，劲往一处使。工作中有不同看法，当面讲、共同协商。互相间有意见能开展批评与自我批评，不犯自由主义。例如有干部就对经理未作商议，擅自更改果脯销售奖励办法影响产量一事有意见，经当面提出，经理做了自我批评，并共同研究了新的奖励办法，又出现了增产势头。

第二，不怕困难。本企业刚刚起步，面临的困难很多，如技术力量薄弱，原材料不足，产品销路没有打开，等。为此，领导干部共同想办法，他们不怕跑路，放弃自己的休息时间，忍饥挨饿受冻，四处联系，终于解决了今年所需要的原料，销售了一些产品。

第三，领导带头。公司的几位主要领导带头苦干、实干。他们白天到下面去调查了解情况、解决问题，晚上才开会研究问题，寻找解决的办法。领导干部夜以继日地工作，使公司工作上了台阶。

××公司
××××年××月××日

第四节　调查报告

【任务安排】

近年来,随着人们生活节奏的日益加快,"一次性产品"越来越受到青睐,餐馆里、小摊上、大学校园里、机关食堂里一次性筷子随处可见。越来越多的"一次性用品"在给人们的生活带来方便快捷的同时,也给我们的健康生活带来一系列的安全隐患。过度的使用,已经给大自然造成了严重的后果,为此我们展开了一次性筷子使用情况的调查。

【思维引导】

★ 在完成这份调查报告前需要做哪些准备?
★ 这份调查报告应该采取什么样的调查方式?
★ 调查报告的写作格式是什么?

【必备知识】

(一)调查报告的含义和用途

调查报告是指通过对典型的问题、情况、事件的深入调查,经过分析、综合,从而揭示出其本质或客观规律的书面报告。具体而言,调查报告是针对某一现象、某一事件或某一问题进行深入细致的调查,对获得的材料进行认真分析、研究,发现本质特征和基本规律之后写成的书面报告。

调查报告是"调查"与"报告"两个概念的组合,调查是前提,研究是关键,报告是结果。调查报告是一种在新闻领域和机关应用文领域都可采用的常用文体。不过,有些在机关之间流通的调查报告可以没有新闻性,而在报刊、广播上发表的调查报告,必须具有新闻性。

调查报告对上能反映客观情况,为领导提供决策依据;对下能陈述事实,揭示问题,帮助人们把握规律,认识事情真相。它可用于一件事、一个问题,也可用于一个专题、一个地区、一个阶段。它可以分析已然规律,还可以探讨未然趋势。总之,它形式灵活、应用广泛。

与其他应用文体相比,调查报告的社会作用最大。它通过对先进单位或部门的调查研究,总结出具体的经验和办法,然后加以推广应用,促进社会主义建设;它通过对一些突出的反面典型问题的揭露批评,引起人们的警戒;它通过对某一问题调查研究后，提出一些建设性意见或解决的办法，对解决实际问题起到一定的参考作用。

（二）调查报告的特点

1. 真实性

真实性是指用事实说话，保证事实客观完整。客观、真实是调查报告赖以存在的基础，是调查报告的生命。因此，写作调查报告时，必须要有严格的科学态度，最重要的一点就是要尊重客观实际。

2. 针对性

调查报告的撰写目的必须明确。调查报告的起草者，必须根据党的方针政策，从工作实践出发，从客观存在的实际问题入手，有针对性地进行调查研究。针对性越强，调查报告的价值越大，产生的指导意义就越大。

3. 典型性

调查报告写作中应该选用有代表性和普遍意义的材料。调查报告的目的是通过典型事例的分析，总结出具有方向性的普遍的经验，来推动工作向前发展。调查报告所选择的对象，必须具有代表性和典型性，并做到点面结合，使其有效发挥指导作用。

4. 严肃性

调查报告必须来源于客观事实，来源于对具体事实的周密考察和分析，并以实际材料来验明观点，体现调查报告的严肃性。

5. 规律性

调查报告的目的是提供规律认识，它的价值不仅在于调查和报告，更在于研究。研究的结果就是提供规律性认识，并把这些规律性认识提供给读者和社会。

（三）调查报告的分类

1. 按涉及面分

（1）综合调查报告。指围绕一个中心问题，从多方面进行普遍调查，对取得的材料进行分析研究、综合整理而写出的关于这一问题的总体情况的调查报告。如《关于临沂市乡镇企业发展的情况调查》。

（2）专题调查报告。指对某项工作、某个典型事件、某项业务或者某个问题进行系统调查和分析研究后而写出的调查报告。如《康裕药案——医院为何青睐假药》。

2. 按内容的侧重点分

（1）反映社会情况的调查报告。它是针对某些实际问题，从不同角度开展的调查，既可以是专题性的，又可以是综合性的。这类报告应该注意全面、客观地反映正反两方面的情况和意见，在对比中阐明自己的见解。

（2）揭露问题弊端的调查报告。它要求用大量事实揭露工作、生活中违背人民利益、有碍国家建设的种种现象。分析原因，揭露实质，指出问题的严重性和危害性，以便引起人们的注意，从中吸取教训，达到祛邪除恶的目的。

（3）总结典型经验的调查报告。这类调查报告是对现实生活中涌现出的先进经验和典型进行调查后写出的。它涉及的对象较广泛，包括个人、单位以及某项具体工作等。它可以是新经验，也可以是在原来基础上有所发展、提高的经验。

（4）介绍新生事物的调查报告。这类调查报告要求比较完整地、具体地反映新生事物产生的背景和发生、发展的过程，揭示其成长规律，并阐明它在现实生活中的作用和意义，以促进其更迅速地成长并达到推广的目的。

（四）调查报告的结构和写法

从外部形式看，调查报告由标题、前言、主体、结尾四部分组成。

1. 标题

标题有两种写法，即公文式标题写法和自由式标题写法。

（1）公文式标题。公文式标题写法就是按照"调查者+调查对象+文种"的公式拟制标题的，如《温州市苍南县关于农村中小企业融资的调查报告》就是这样的标题。其中，"温州市苍南县"是调查者；"农村中小企业融资"是调查对象，"调查报告"是文种。公文式标题要素清楚，读者一看就知道写的是什么单位、涉及到哪些问题，文种也很明确。但是这种标题的不足是太模式化，不够新鲜活泼。

（2）自由式标题。自由式标题是根据调查内容所需及作者的写作习惯灵活采用常规文章标题的写作方法来拟制的，包括陈述式、提问式、双标题等。陈述式即用一句话概括调查报告的主题，也称为文章式标题，如《揭开骗贷74亿元内幕》《××市的新经济组织》；提问式提出调查报告要回答或解决的问题，如《快餐总是洋的好吗》《为什么师范生不愿意回农村基层学校》；正副式标题（双标题）正标题显示调查的中心或主题，副标题揭示调查的范围、对象及文种，如《山重水复疑无路，柳暗花明又一村——我市小五金厂扭亏为盈的调查报告》《为了造福子孙后代——××县封山育林调查报告》《你微博了吗？——大学生微博使用调查报告》。

2. 前言

调查报告的前言也就是导语，主要概述基本情况。有的概括全篇的基本内容，有的简单介绍调查的目的、调查对象的有关情况和调查的经过等。这部分起提示全文的作用，力求简明概括。调查报告的前言一般要根据主体部分组织材料的结构顺序来安排，常用的有以下几种类型：

（1）叙述式。写明调查的起因或目的、时间和地点、对象或范围、经过与方法及人员组成等调查本身的情况，从中引出中心问题或基本结论来。如：《人民日报》1993年5月7日关于××（东北）电力集团与××（华能）集团经济效益的对比调查的前言这样安排：东边日出西边雨。同是电力企业，一个拥有21万大军，固定资产居全国500家大企业之首，如今却负债105亿元，越发电越亏损；另一个则由50几人一亿元资本起家，很快发展成有341亿元资产的企业集团。

（2）提问式。写明调查对象的历史背景、大致发展经过、现实状况、主要成绩、突出问题等基本情况，进而提出中心问题或主要观点来。如：《人民日报》1997年9月15日对黑龙江省部分糖厂拖欠农民甜菜款的调查的前言这样展开：最近，黑龙江省绥化市永安满族镇永兴村周光兴等8位农民给本报写信，反映1995年10月，该市甜菜站收购了他们的甜菜后，一直未付分文，给他们的生产、生活造成很大困难。是什么原因导致甜菜款迟迟不能兑现？记者日前专程赴黑龙江省进行了调查。

（3）提要式。开门见山，直接概括出调查的结果，如肯定做法、指出问题、提示影响、说明中心内容等，使读者一入篇就对它的基本情况有一个大致了解。前言起到画龙点睛的作用，要精练概括、直切主题。如《靠名牌赢得市场——关于深圳市飞亚达（集团）股份有限公司的调查》的开头：飞亚达（集团）股份有限公司（以下简称飞亚达）是一家以生产钟表为主的大型企业，1987年成立于深圳。在经济特区这块改革开放的沃土上，该公司坚持不懈地实施名牌战略，终于在竞争激烈的钟表行业后来居上。历经十二年的艰苦创业，飞亚达由一个钟表小厂发展为总资产逾八亿元，年创利润八千万元的上市公司，成为国内同行的翘楚。

这个开头把飞亚达公司发展情况和主要成绩作了概括的介绍，提纲挈领，统率全文。

3. 主体

前言之后、结语之前的文字，都属于主体。这部分的材料丰富、内容复杂，在写作中最主要的问题是结构的安排。其主要结构形态有三种：

（1）用观点串联材料。由几个从不同方面表现基本观点的层次组成主体，以基本观点为中心线索将它们贯穿在一起。例如1999年12月9日《人民日报》刊登的调查报告《按照市场经济规律指导农民增收——山东省微山县调查》的主体就是这样的形态。它由四个部分构成："抓住了规律就抓住了根本"，"把握市场需求，发挥自身优势"，"围绕市场竞争，加强联合与协作"，"遵循价值规律，推进农业'四化'"。这四个部分是由标题所显示的基本观点贯穿起来的。

（2）以材料的性质归类分层。课题比较单一、材料比较分散的调查报告，可采用这种结构形式。作者经分析、归纳之后，根据材料的不同性质，将它们梳理成几种类型，每一个类型的材料集中在一起进行表达，形成一个层次。每个层次之前可以加小标题或序号，也可以不加。例如1999年12月23日《人民日报》刊登的调查报告《不信民心唤不回——从宁乡县五个乡镇的变化看做好农村思想政治工作的重要性》，分别从原因、措施、启示三个方面着眼，写了三个大的层次。其中原因又概括为五条，启示也概括为三条，又形成大层次下的若干小层次。

（3）以调查过程的不同阶段自然形成层次。事件单一、过程性强的调查报告，可采用这种结构形式。它实际上是以时间为线索来谋篇布局的，类似于记叙文的时间顺序写法。1999年12月16日《人民日报》"记者调查"栏目发表的《暗访北京站前发票非法交易》一文，分别写了这样几层内容。

12月6日15时35分，记者在北京站东侧出站口遇到第一个卖发票的人。过马路前，又遇到四五个卖发票的小伙子。过马路后，被一个穿棕色皮衣的卖发票者拦住纠缠难以脱身。在站前丁字路口东北侧又遇到几个卖发票的男女。

这种有清晰过程的写法，可以提高读者的阅读兴趣。

4. 结尾

调查报告结尾的有无，视具体情况而定。调查报告常在结尾部分显示作者的观点，对主体部分的内容进行概括、升华，因此，它的结尾往往是比较重要的一个部分。常见的结尾方式有：总结式、展望式、意见或建议式、补充说明式。

结尾的写法也比较多，可以提出解决问题的方法、对策或下一步改进工作的建议；或总结全文的主要观点，进一步深化主题；或提出问题，引发人们的进一步思考；或展望前景，发出鼓舞。

（五）调查报告的写作要求

（1）在"调查"的基础上下功夫，确保材料的真实性和说服力。
（2）在"研究"上做文章，确保调查报告的指导性。
（3）合理组织和安排"框架"结构，做到眉清目楚、线条分明。

【例文】

关于当代青年消费问题的调查报告

中国青少年研究中心联合北京、上海、广州、山东、辽宁、黑龙江等6个省市青少年研究所和广西壮族自治区团校，最近在全国9个省、市、自治区对青年人的消费观念、消费现状与趋势、消费结构进行了大规模调查。

一、青年消费观念变化

如今青年人的消费观念正发生变化，以往视"粗茶淡饭"、"勤俭持家"为美德的观念淡化了。许多青年注重："吃要讲营养，穿要讲式样，玩要讲多样，用要讲高档。"因此，在调查中问及青年对这个"四讲"问题怎样评价？来自青年的反馈是：认为"符合现代生活方式"的占42.5%，认为"不合中国国情"的占21.3%，认为"助长好逸恶劳"的占7.2%，认为"容易引入高消费误区"的占23.9%，回答"说不清"的占5.1%。这表明当今相当多青年的消费观念已经发生变化，有42.5%的人向往"四讲"的生活方式，但对"四讲"的生活方式持怀疑和否定态度的人数也多达52.4%。

二、消费现状与趋势

（1）饮食日益注重营养。在"你对饮食最注重的是什么？"一问中，青年人回答"讲究营养"的人数占40.4%，为"方便省事"的占25.3%，"吃饱就行"的占23.4%。

（2）穿着注重"方便舒适"和"体现个性"。在青年人回答"你对服饰穿着最注重的是什么？"一问中，"方便舒适"占46.6%，"体现个性"占30.5%，"款式新颖"占16.5%，"讲究名牌时髦"占6.4%。

（3）住宅舒适被列为改善生活的主要目标。在对"你认为生活改善的主要目标是什么？"一问的回答中，多达55.9%的青年把"住宅舒适"列为改善生活的主要目标，其次才是"旅游"，占21.9%，"家用电器齐全"占16.1%。

在被调查的青年人中，约有1/3的人想买房，但当前许多人却买不到房，有的则认为房价过高。

三、消费结构失衡

在调查中发现，现在青年人的消费结构有两个失衡之处：一是物质消费增长很快，精神消费则严重滞后；二是在精神消费中重娱乐消遣，轻读书学习。据对9省、市、自治区的调查，青年中"基本不买书报"的人占被调查人数的12.6%，"偶尔买点"的人数占26.4%，把"购买书报列为每月固定支出项目"的却只有9.9%；家中基本没有藏书（存书在50册以下）的青年多达34%，而拥有100册以上的人仅占28%。这种情况令人忧虑。消费结构失衡，不利于青年一代健康成长。因此，结合加强爱国主义教育，鼓励和引导青年多读书、读好书，应当受到社会各界的关注。

【评析】

这是一篇消费情况调查报告。正文概要部分写调查的发起者、调查地区和调查对象。主体部分采用并列横式结构，分别写调查情况或结论。在写结论时，本文十分注重数字说明，数字结论互相联系，观点材料水乳交融。本文没有专门的结尾。文章语言简洁，观点鲜明，有理有据，令人信服。

【拓展练习】

（一）简答题

1. 调查报告在调查阶段有哪些方法和方式？
2. 写作调查报告的注意事项有哪些？

（二）根据下列材料，写一篇调查报告

1. 全市近年来共查处经济罪犯356名，其中企业法人代表51人，占14%。51人中，有许多类似之处。51名经济罪犯中有好些是"能人"，他们被企业管理部门和上级人事部门当作有"才能"、有"一技之长"而被聘任。在这51名罪犯中，党员干部26人，占56%；劳改释放人员7人，占13%。

2. 某化工总厂四分厂原厂长戴某某，2005年曾因犯贪污罪被判刑7年，刑满释放后，被聘为该分厂的租赁厂长，短短的两年多时间，又贪污12万元。

3. 某木材公司原经理何某某，是入党三十年的老党员，在近两年中，利用主管木材销售之职权，帮贩运木材的人非法牟利，收受对方贿赂3.8万元。

4. 某公司会计科科长王某是连续三年评为先进工作者的尖子干部，去年还评为先进工作者。他担任科长期间，为公司清理了许多陈年积账、乱账，可他"利"令智昏，今年九、十月间，多次与会计员黄某某勾结，侵贪公款6万多。

5. 黄某某是某县农民，曾被判处有期徒刑，出狱后开始经营个体基建承包队，后通过关系当上某建筑工程公司经理，上任不到半年，就贪污12万元。

6. 郝某某是县公安局局长，作为一个党员干部和执法干部，他却利用职权，非法接受贿赂 8 万元人民币、3 万元港币和彩电等好些贵重物品，指令下属为其行贿者办理出国签证或农转非。

7. 章某是优秀青年企业家的能人。他担任某食品加工厂厂长后，年年虚报利润骗取上级信任，三年间竟侵吞大量公款公物，使企业亏损 70 万元。

8. 针对以上现象，调查组认为，在经济大潮中，对干部的使用和教育应采取一些有效的措施才行。

第五节　策划书

【任务安排】

以一个值得纪念的日子为题，如同学聚会、重大事件、节日，写出一份策划书，并模拟举办一次庆典活动。

【思维引导】

★ 此策划书属于策划文案中的哪一种？
★ 策划前要准备的工作是什么？
★ 策划书的格式是什么？

【必备知识】

（一）策划书的含义和用途

1. 策划及策划书的含义

策划就是一种策略、筹划、谋划或者计划、打算，它是企事业单位、社会团体、组织机构或者个人为了达到特定的目标，在充分调查市场环境以及相关联的环境的基础之上，遵循一定的方法或者规则，对未来即将发生的事情进行系统、周密、科学地预测，并制定科学的可行性的方案，在发展中不断地调整以适应环境的变化的过程。

策划文书，简称策划书，也叫策划方案，就是把策划某次活动的整体设想和行动方案的思维过程经过整理后用文字完整系统地表示出来的应用文体。

2. 策划书的用途

策划文书是策划活动取得成功的重要保证，是实现策划目标的纲领，是策划方案的具体化，是执行策划的"蓝本"，为具体策划行动提供指南与纲领。策划的过程即认识、分析客观现实，发挥人的主观能动性的过程。建立在科学基础上分析、预测、设计、安排的策划就抛开了主观臆断、异想天开的成分，使主观意志活动更加符合客观现实，使人们的行动有了可执行的"蓝本"，可以有计划、有步骤、有方法地开展工作、执行策划方案。

策划书可以增强自身竞争力。在策划过程中，通过对优势、劣势、机会的综合评估与分析得出结论，然后再调整相关资源及应对策略，来达成自己的目标。有助于做到趋利避害，实现自身有利因素和有利资源的最大发挥，从而实现了竞争力的增强。

（二）策划书的特点

1. 目的性

策划必须要达到一定预期的目标。俗话说："无事不谋。"要做事，就应该有方向、有目标，策划是一个行为过程，它不仅是人的行为过程，也是资源配置的行为过程。因此，达到预期目标是策划的目的。

2. 前瞻性

策划一项未雨绸缪的工作，是人们在一定思考以及调查的基础之上进行的科学的预测，因此具有一定的前瞻性。

3. 思维性

策划的关键是"用策"，而用策就离不开思维，尤其是创造性思维。从根本上讲，策划是一种思维科学、一种创造思维学、一种整合思维学，策划是用辩证的、动态的、发散的思维来整合策划对象的各类有形资源和无形资源，使其达到最大效益的一门科学，思维性是策划的本质属性。

4. 创意性

策划的灵魂是创意。概念创新和理念创新是策划的本质特征，资源整合在一起，能不能产生新的绩效、有没有创新，这是策划的关键。实施计划，即使资源整合所聚集的能量有创新但没有创新的资源整合过程，也不能称为策划。追求创新是策划与计划的根本区别，策划创新非常强调通过资源整合进行创新，这与科技创新、通过实验发明创造创新是有区别的，通过资源整合创新是策划的精髓。

5. 可行性

策划具有可操作性，这是策划方案的前提。策划要从实际出发，量力而行，要从全面考虑，实施运作的可控性及可操作性，表现形式尽量新颖，实际执行效果强。

(三）策划书的分类

从广义上说，策划可分为社会策划、政治军事策划、文化策划、企业策划等。

从狭义上说，策划根据公司的职业需要可分成游戏策划、市场策划、营销策划、广告策划、产品策划、节目策划、电影策划、房地产策划等。

（四）形成策划书的前期准备

写好策划书，需要注重思维能力的培养，包括全面考虑问题的能力、创新思维的能力、逻辑思维能力等。制作策划书还需具备市场调研常识、基本的统计学知识以及必要的消费心理学知识。

确立策划主题——这次策划是基于什么？为什么把这个作为策划主题？会有什么样的效果？进行调研、收集情报。对策划对象的特点、环境等要深入了解清楚。调查研究，收集信息讨论，筛选、整合信息，想点子用一条线将整条思路穿起来，整理制定策划方案，形成策划书。

以上内容可根据写作时的实际需要进行增减。

（五）策划书的结构和写法

策划书的写作格式没有一定之规，要根据不同的情况进行构思和制订。

常用策划文书的结构一般由策划书标题、活动背景、活动目的及意义、活动时间及地点、活动对象、活动流程、结尾等部分组成。

当然，因各种策划书的主题或用途不同，其内容格式也会有所不同。有的策划书还包括宣传方面保障工作、开展后期保障工作、奖项设置等。

1. 策划书标题

策划书标题尽可能一目了然，交代清楚，最好包含策划文书的主要内容。形式上可以采用单标题，也可以采用正副标题，如《2016年1月中山大学元旦庆祝活动策划书》《九龙山矿泉水营销策划书、第四维艺术——罗西尼表品牌战略设计方案》。策划书名称置于页面中央。当然，也可采用提问式或解说式，如《××产品如何进入××地区市场》《××产品进入××地区市场需采用整合的营销手段》。

2. 活动背景

这部分内容应根据策划书的特点在以下项目中选取内容重点阐述。具体项目有：基本情况简介、主要执行对象、近期状况、组织部门、活动开展原因、社会影响以及相关目的动机。其次应说明问题的环境特征，主要考虑环境的内在优势、弱点、机会等因素，对其做好全面的分析，将内容重点放在环境分析的各项因素上，对过去现在的情况进行详细的描述，并通过对情况的预测制订计划。如环境不明，则应该通过调查研究等方式进行分析并加以补充。也可以从大方面入手，如国家政策、各大学普遍状况，再从小处着手，如我校状况如何等。

3. 活动目的及意义

应用简洁明了的语言将目的要点表述清楚。在陈述目的要点时，该活动的核心构成或策划的独到之处及由此产生的意义（经济效益、社会利益、媒体效应等）都应该明确写出。活动目标要具体化，并需要满足重要性、可行性、时效性的要求。

4. 活动流程

活动流程作为策划的正文部分，表现方式要简洁明了，使人容易理解，但表述方面要力求详尽，写出每一点能设想到的东西，避免遗漏。活动的时间、地点、对象、组织环节（活动前、活动中以及活动后的人、财、物、安全问题等）也要交代清楚。

在此部分中，不仅仅局限于用文字表述，也可适当加入统计图表等；对策划的各工作项目，应按照时间的先后顺序排列，绘制实施时间表有助于方案核查。

5. 活动可行性分析

简略分析活动的背景或当前状况，以确保活动能够达到预期目标。

6. 活动注意事项

内外环境的变化，不可避免地会给既定方案的执行带来一些不确定性因素。因此，当环境变化时是否有应变措施，损失的概率是多少，造成的损失多大，应急措施等也应在策划中加以说明。

7. 资源需要及经费预算

列出所需人力资源、物力资源，包括使用的地方，如教室或使用活动中心都详细列出。可根据具体情况列为已有资源和需要资源两部分。

活动的各项费用在根据实际情况进行具体、周密的计算后，用清晰明了的形式列出。

8. 落款

结尾列出策划人或单位、时间等信息。注明组织者、参与者姓名、嘉宾、单位（如果是小组策划应注明小组名称、负责人）。

（六）策划书写作应注意的事项

（1）主题的拟定应言简意赅、易于理解和记忆。

（2）语言简洁明了，使用书面语，切忌主观言论。

（3）策划内容详细、完备，具体明确。活动的原因、过程、结果等都应该分条列项，考虑周详，活动流程清晰、流畅、逻辑性强。

（4）创意新颖，策划应列出有意义、有新意的好点子。

【例文1】

测绘工程系主题演讲比赛策划书

一、活动目的

以"我的大学我做主"为主题开展演讲比赛，表达大学生对自己大学生活的憧憬规划。

二、活动意义

为了浓厚校园文化艺术氛围，丰富同学们的课余文化生活，展示我系新生的青春风采，增强同学们的自信心与荣誉感，我系特举办了以"我的大学我做主"为主题的演讲展示活动。

三、活动对象

测绘工程系全体同学

四、活动主题

我的大学我做主

五、主办及协办

主办：测绘工程系学生会

协办：测绘工程系系学生会组织部

六、活动时间及地点

活动时间：待定

活动地点：待定

七、赛前准备

（1）做好充分的宣传工作，吸引新生积极参加。

（2）邀请列席评委，初赛邀请有经验的院、校学生组织负责人，复赛邀请院、系的相关老师担任评委。

（3）提前借好教室，确定即席演讲主题并做好标签。

（4）提前布置会场，准备好评委打分的纸笔和计算工具，准备好水和奖状。

（5）联系宣传部及天使文学社做好赛前赛后报道宣传工作及摄影工作。

（6）做好分工，明确分配任务，责任到人。

（7）确定好主持人。

八、比赛形式

演讲。

九、参赛要求

（1）参赛者思想端正，参赛作品积极向上并且普通话标准。

（2）参赛者具有一定的语音表达能力，感情丰富。

（3）所选作品体裁不限，切合主题，内容积极向上，具有时代气息，体现当代大学生的风采。

（4）朗诵时间为3~5分钟。

（5）若有配乐或PPT，请自带mp3或U盘。

（6）参赛选手到会场后在签到处签到，比赛正式开始后15分钟不到视为弃权。

十、评选细则

评委评分细则（百分制，计算分值时，去掉一个最高分，去掉一个最低分，再累加后求平均值即为选手评委得分）

（1）着装整齐，大方得体。【10分】

（2）吐字清晰，普通话标准。【20分】

（3）表现力应变能力强，能活跃气氛。【20分】

（4）观点鲜明，内容充实生动。【25分】

（5）具有创意性，演讲结构清晰，论据充足，逻辑性强。【25分】

（6）去掉一个最高分和一个最低分平均成绩为各选手最后得分。

十一、奖项设置

本次比赛将设定6个获奖名额，其中分别设一等奖1名、二等奖2名、三等奖3名、优胜奖4名。

十二、比赛程序

（1）评委及嘉宾入场。

（2）主持人致辞。

（3）主持人宣布比赛规则并介绍各比赛选手。

（4）比赛环节：选手必须在演讲前介绍自己。

（5）待所有的选手比赛完后，邀请评委代表上台发言，工作人员进行统分。

（6）评委发言完后，主持人上台宣布比赛结果（依次由优胜奖到一等奖）。

（7）获奖人员上台领奖。

（8）主持人宣布比赛结束，全体工作人员，嘉宾，评委，选手合影留念。

（9）工作人员负责做好后期工作。

十三、各部门职责安排

组织部：在活动前一周就要做好相关策划书，并将策划书与各个部门进行讨论，分工合作。

学宣部：在活动前一周做好相关宣传海报，并与系内各班宣传组织委员联系加强宣传工作。

秘书部：在活动前负责准备比赛所用的话筒、嘉宾签到名单、选手号码牌、纸笔等必须用品。并在活动当天负责嘉宾签到。

生活部：在活动前一周，将活动所需物品准备好，并要与秘书部紧密联系，认真做好相关后勤工作，为各部提供所需服务。

文艺部：在活动前一周要将活动主持人确定（男女各一名），并且对其进行训练，还要事先准备好相关主持稿。确定会场礼仪名单（2男2女），并准备一些小节目、小游戏在活动中表演。

编辑部：在活动正式开始前一天，在指定地方（教学楼大厅）负责将选手比赛所用的配乐或PPT的U盘收集，并在活动前试播，确认是否可用（若不可用，应及时与选手联系）。

在活动中，要安排人负责播放选手的PPT或音乐。

安排成员记录活动情况并拍照，事后并进行相关报道。

体育部：在活动中主要负责维持场内秩序，并安排成员进行计时、计分（两名计时员，两名计分员），并在赛前对其培训。

组织部、秘书部、学宣部、生活部、文艺部、编辑部、体育部所有学生会成员除事先有安排的，其余所有成员在活动前协助学宣部布置会场，活动结束后参与会场清理工作，并签到。

十四、经费预算

用品名称	单价（元）	件数	小计（元）	备注
气球	7.00	2袋	14.00	布置会场
电池	4.00	2对	8.00	照相机、话筒
卡纸	1.00	8张	8.00	号码牌、签到表
矿泉水	1.50	20瓶	30.00	
双面胶	2.00	2卷	4.00	

总计：××元。

2015 年 3 月 10 日

【评析】

此文为一则演讲比赛的活动策划书，标题显旨，主题明确。赛前准备、比赛要求、赛程设置、评选细则、部门职责及经费预算等策划内容详细、完备，具体明确。活动的原因、过程、结果等分条列项，考虑周详，活动流程清晰、流畅、逻辑性强。

【例文2】

孔府家酒广告策划

主题：叫人想家

背景音乐：北京人在纽约

画面：雾霭晨曦中驶来一班客机，机场内一家人昂首企盼，渐渐露出既惊且喜的表情，他们终于迎来了远游的亲人（王姬饰）。

镜头切换：充满温情暖意的家庭，她送给亲人带回的礼物，家人为她接风洗尘。

同时，刘欢那极富磁性的嗓音唱道："千万里，千万里，我一定要回到我的家，我的家，永生永世也不能忘。"

片末，王姬面向镜头意味深长地说："孔府家酒，叫人想家。"

【评析】

孔府家酒"叫人想家"篇是一则广告策划，情真意切，令人回味无穷。其策划真正做到了让名人为产品服务，策划调动所有的因素为孔府家酒服务。另外，这个策划的广告词很有人情味，是典型的感性诉求，家的主题很能引起消费者的共鸣，尤其是对家庭观念很强的中国消费者，所以这个广告策划书能够打动消费者的心。

【拓展练习】

（一）简答题

1. 策划前期、中期、后期的流程是什么？
2. 策划书与计划书有什么区别？

（二）尝试为一个旅游景点策划一则广告。

第五章 礼仪信函类文书

【本章导读】

礼仪信函文书是人们在各种社会交往、礼仪活动中使用的文书,是人们用来沟通信息、表达情意、增进感情的实用性文书。随着社会经济的不断发展,国家、组织、个人之间的交往日益频繁,礼仪信函类文书显得越来越重要。公关文书的种类很多,本章将着重介绍迎送词、介绍信、请柬、申请书等文种的写作。

第一节 介绍信

【任务安排】

2016 年,××学院物流专业、财会专业、信息管理与信息系统专业、电子商务专业、市场营销专业、经济学专业、工程管理专业等实习生共计 156 人。现在,学院想利用暑假时间将这 156 名学生送到理文有限公司参加实习工作。请你以××学院办公室的名义向理文有限公司人事部门写一封介绍信,以接洽实习事宜。

【思维引导】

★ 完成这份介绍信可以采用哪种形式?
★ 介绍信应该怎么写,基本要点有哪些?
★ 介绍信的格式是什么?

【必备知识】

(一)介绍信的含义、特点和类型

1. 介绍信的含义

介绍信是国家机关、社会团体、企事业单位派员到其他单位联系工作、了解情况或参加有关活动时,由派出人员随身携带的专用函件。

2. 介绍信的特点

(1)证明性。介绍信是具有介绍、证明作用的书信。收看介绍信的一方可以从对方的介绍信中了解来人的职业、身份、要办的事情、要见的人、有什么希望和要求等。

（2）时效性。介绍信相当于一个在一定时间内有效的证件，它可以帮助对方了解你的身份、来历，同时也赋予了你一定的责任和权利，所以介绍信一般都会规定时限，是一种在限期内才具备有效性的专用文书。

3. 介绍信的类型

介绍信可分为书信式和填表式两种类型。

（1）书信式介绍信。一般用印有单位名称的信笺书写，格式与一般书信基本相同。

（2）填表式介绍信。它是一种印有固定格式的专用信纸，需根据要办的具体事项按格逐一填写。填表式介绍信一般会有存根，便于查询。

（二）介绍信的写作模式

书信式介绍信和填表式介绍信的写作模式略有不同，下面分别进行介绍。

1. 书信式介绍信的写作模式

书信式介绍信一般由标题、称谓、正文、结语、文尾五部分组成。

（1）标题。书信式介绍信的标题一般在信纸第一行居中书写"介绍信"三字，也有些介绍信省略标题。

（2）称谓。在标题下一行顶格书写要联系的单位的名称或个人的姓名（全称），并在名称或姓名的右侧添加冒号。

（3）正文。在称谓下一行空两格书写，介绍信的正文要写明以下几点：

要说明被介绍者的姓名、年龄、政治面貌、职务等。若被介绍者不是只有一人还需注明人数。其中，被介绍者的年龄和政治面貌有时可以省略。

写明要接洽或联系的事项，以及向接洽单位或个人所提出的希望和要求等。

要在正文的最后注明本介绍信的使用期限。

（4）结语。最后应写一些诸如"请接洽""请指教""请协助"之类的话语，后面还要以书信体的"此致——敬礼"等表示祝愿和敬意的话作为结尾，还可在此处注明介绍信的有效期限。

（5）文尾。在正文右下方注明出具介绍信的单位名称和介绍信的成文日期，并加盖单位公章。

2. 填表式介绍信的写作模式

填表式介绍信一般由存根联、正式联和间缝三部分组成。

（1）存根联。存根联包括以下几部分内容：

① 标题。存根部分的第一行居中写有"介绍信"三字，并用括号注明"存

根"二字。

②　发文字号。在存根右下方印有发文字号。如"市教字×号""县商字×号"等。

③　正文。另起一行空两格书写介绍信的正文，其具体内容与书信式介绍信基本相同。

④　文尾。存根联的结尾只注明成文日期即可，不必署名，因为存根仅供本单位必要时查考。

（2）间缝。存根部分同正文部分之间有一条虚线，虚线上印有"××字第××号"。这里可照存根的发文字号填写。要求数字要大写，如"壹佰叁拾肆号"，字体要大些，便于从虚线处截开后，字迹在存根联和正文联各有一半。同时，应在虚线正中加盖公章。

（3）正式联。正式联包括标题、发文字号、称谓、正文、结语和文尾几个部分。其中标题、发文字号和正文三部分内容与存根联基本相同，而称谓、结语和文尾则可参考书信式介绍信。这类介绍信写好后，也应装入公文信封内。信封的写法与普通信封相同。

【例文1】

介绍信

××医学院附二医院：

　　兹介绍××民政职业技术学院康复医学系护理0938班李宇梅（身份证号：×××××××××××××××）同学前往贵单位实习，请予接洽为感！

　　此致

敬礼！

××民政职业技术学院康复医学系（盖章）
2016年3月1日

（有效期拾天）

【评析】

　　这是一份医院实习介绍信，整篇文章按照书信的格式，措辞得体，行文简洁，是一篇不错的介绍信。

【例文2】

介绍信

金沙遗址博物馆管理处：

  兹有我校××学院××专业××班学生王××等伍拾陆人到贵馆参观学习，请予接洽为荷。

  此致
敬礼！

××高等专科学校（盖章）
2016 年 10 月 10 日

（有效期陆天）

【评析】

  这是一封学校为班级到校外参观而开具的介绍信，因为涵盖的人员较多，所以写出了其中一人的姓名，并说明共有56人一并参观。其中人数需要大写。

【例文3】

介绍信（存根）

××字第××号

×××等×人，前往×××联系×××。

××××年×月×日

-------------------------------××字第××号-------------------------------

介绍信

××字第××号

×××经理：

  兹介绍×××等×名同志前往你处联系×××，请接洽并予协助。

  此致
敬礼

×××（盖章）
××××年×月×日

（有效期　　天）

【评析】

这是一份填表式介绍信,其存根联与正式联由间缝上下隔开,在存根部分,有标题"介绍信(存根)",在第二行有发文字号"××字××号"需要填写,在正文处需要依次填上姓名、人数、相关身份内容及前往何处办理什么事等。结尾注明日期即可。正式联与存根内容大体一致,不再详述,但在结尾处要写些祝愿或敬意的话,还要注明介绍信有效期限。在文尾处要注明完整的单位名称并加盖公章,还要注明日期。

【拓展练习】

(一)简答题

1. 介绍信有哪几种写作形式?
2. 介绍信的要素有哪些?

(二)病文修改

介绍信

××大学教务处:

现在我们介绍两位同事到你们学校联系聘请教师来我单位讲学的工作。请予以接待,谢谢!

××××电器厂(公章)
2015 年 9 月 12 日

(三)根据材料作文

××大学国防专业的张良要到成都军区实习,请你代表××大学替他写一份介绍信,以便对方能愉快地接收该生。

第二节 证明信

【任务安排】

在 2015 年的征兵活动中,小李想参军入伍。当地的武装部门请小李出具没有受过刑事制裁的证明。请你替相关行政部门为小李出具一份具有法律效力的证明信。

【思维引导】

★ 证明信应该怎么写,基本要点有哪些?

★ 证明信的格式是什么？

【必备知识】

（一）证明信的含义、特点和类型

1. 证明信的含义

证明信是国家机关、社会团体、企事业单位或个人凭借确凿的证据证明某人的身份、经历或某件事情的真实情况时所使用的一种专用书信。证明信也可直接称作证明。

2. 证明信的特点

（1）凭证性。证明信的作用贵在证明，是持有者用以证明自己身份、经历或某事真实性的一种凭证，所以证明信的主要特点就是它的凭证作用。

（2）采用书信格式。证明信是一种专用书信，尽管证明信有多种写作形式，但它的写法同书信的写法基本一致，采用书信体的格式。

3. 证明信的类型

证明信按照发文对象可分为以下两种类型：

（1）以组织名义发出的证明信。用来证明某人的身世、经历或某一事件的真相。

（2）以个人名义发出的证明信。用来证明某人身份或某一事情的真实性。以个人名义发出的证明信，证明人要对所证实的内容完全负责，除个人签名外，最好再由证明人所在单位签署意见，以增强证明信的可靠性和严肃性。

（二）证明信的写作模式

以组织名义发出和以个人名义发出的证明信写法大致相同，都是由标题、称谓、正文、文尾四部分组成。

1. 标题

在第一行居中用较大字体书写"证明信"或"证明"，也可在标题中加入被证明人姓名和事由，如"关于××××××同志××××问题的证明"。

2. 称谓

在标题下一行顶格注明接收证明信的单位名称或个人姓名，并在其右侧添加冒号。

3. 正文

正文是证明信的主体部分，在称谓后另起一行空两格写明被证明人或事件的全部真实情况，内容要翔实，语言要准确肯定、简明扼要。

正文之后常用"特此证明"作为结语。

4. 文尾

在正文右下方注明证明人或单位名称以及成文日期，并加盖公章。以个人名义出具的证明信，最好由其所在单位签署意见，内容大致包括：

对写证明人的客观评价：以便对方了解此人的基本情况，由此判断证明材料的可信度。

对证明信内容的态度：如不太熟悉，可注明"仅供参考"；签署意见后，要署上单位名称和成文日期，并加盖公章。

（三）证明信的注意事项

1. 实事求是

无论个人还是单位出具的证明信都必须客观、真实、可靠，因为虚假的证明不但会受到道德的谴责，严重的还会受到法律的制裁。

2. 措辞严谨

证明信的措辞一定要准确、严谨，以避免产生歧义。态度要庄重严肃，语气要肯定，令人信服。

【例文1】

证　明

_____同志，女，汉族，_____年_____月出生，现年_____岁，_____年毕业于_____专业，本科学历，_____年_____月经人事局招聘至我校工作至今，教龄_____年。该同志自参加工作以来，思想积极，热爱党的教育事业；工作踏实，遵守学校各项规章制度。近三年来未受过任何处分或处罚。经审查，符合城区学校选调教师条件。

附件：近三年年度考核表

××学校（盖章）
2015年11月17日

【评析】

这是一份关于证明教师资历的证明，半填表式。正文陈述了被证明人经历的具体事项，包括姓名、性别、年龄、毕业时间、学历、工作经历以及对被证明人的简单评价，表述完整清晰，落款中由被证明单位加盖公章以示负责。

【例文2】

证　明

××市林业局党委：

　　张××同志，男，现年40岁，1974年9月考入我校学习，系××教授的研究生，1977年毕业。由于历史原因，毕业时未能发给研究生毕业证书，现即将补发。

　　特此证明。

××大学（盖章）
××××年××月××日

【评析】

　　这是一份关于某同志学历的证明。文中写明了该同志的姓名、性别、年龄以及研究生的入学和毕业时间，更清楚地表明未能发给毕业证书的原因，落款处有单位的盖章，整份证明完整规范。

【拓展练习】

（一）简答题

1. 证明按照发文机关可以分为哪些类型？
2. 证明应该注意哪些事项？

（二）病文修改

证明信

文华职业技术学校：

　　现在具体介绍一下刘××的情况：

　　刘××，男，48岁，党员，曾是我校的教授，本人和家庭历史以及社会关系还算清楚，没有发现违法乱纪现象。该同志对教学工作还是很认真负责的，最近获奖较多。特此证明。

××科技大学人事处
2016年4月5日

第三节　请柬

【任务安排】

新东方学校在建校 20 周年之际，想邀请兄弟院校的领导和广大师生来参加在恒飞球场举办的校庆联欢活动。时间定于 2016 年 5 月 31 日下午 5 时 30 分。请你以新东方学校秘书处的名义发一份请柬。

【思维引导】

★ 请柬可以采取哪种形式？
★ 请柬的基本要素是什么？

【必备知识】

（一）请柬的含义和特点

1. 请柬的含义

请柬又称请帖、邀请书，是机关、团体或个人邀请有关人士参加会议、庆典或某些重要活动时发出的一种短小、美观的礼仪性公关文书。

2. 请柬的特点

（1）告知性。不论是邀请对方参加庆典、会议还是其他活动，请柬在起到邀请作用前，首先起到了告知的作用。

（2）礼节性。即使要邀请的人近在咫尺或已经知道此事，但基于对对方的礼貌和尊重，仍应以请柬郑重邀请。

（3）庄重性。一般只有在举行比较大型、隆重的活动时，主办方才会向比较尊贵的客人发送请柬。因此，请柬的制作和发送都是很严肃、郑重的。

（二）请柬的写作模式

目前使用的请柬一般都是折叠式的，分为封面和封里两部分。

1. 封面

请柬的封面分为横式和纵式两种类型，多为印刷好的精美图案和"请柬"二字。其中，横式的文字从左到右横写；纵式的文字从上向下竖写。

2. 封里

请柬的封里一般由标题、称谓、正文、结语和文尾五部分组成。

（1）标题。请柬的标题可单独由文种构成，即"请柬""请帖"或"邀请书"；也可由发文单位名称、发文事由和文种构成，如"××大学第四届文化节请柬"。

（2）称谓。在第一行顶格写明被邀请的单位名称或被邀请者的姓名及头衔，并在其右侧添加冒号，如"××大学:""×××教授:"等。

（3）正文。在称谓下一行空两格写起，要写明邀请的缘由、活动内容、活动时间和活动地点等。若需要客人准备或携带什么，如着装要求等，可一并写明。

（4）结语。在正文下一行顶格书写"敬请光临""恭候大驾"等礼貌用语，也可在这一行空两格书写"此致"，在下一行顶格写"敬礼"，作为结尾。

（5）文尾。在正文右下方写明邀请者的名称和制作请柬的时间。若是婚礼请柬，则应将新郎、新娘的姓名都写上，并在姓名后写上"鞠躬""谨订"等词语，以示尊敬。

（三）请柬的注意事项

1. 信息准确

举行活动的时间、地点、被邀请人的姓名、头衔等，都必须核实无误。

2. 礼貌得体

请柬虽然具有告知作用，但同时还具有商量的意思。因此在用词上一定要讲求礼貌，不能出现命令式的用语。

3. 掌握时间

请柬最好让被邀请的单位或个人尽量提早拿到，以便被邀请的对象有时间安排其他事务，确保准时参加。

【例文1】

【评析】

这是一份印刷式请柬,设计美观,注重用语准确、典雅,是一份较好的结婚请柬。

【例文2】

请　柬

××电视台：

兹定于五月四日晚八时整,在××大学学习堂举行"五四"青年诗歌朗诵会,届时恭请贵台派记者光临。

××大学团委
二〇一六年五月一日

【评析】

这是一篇以团体的名义发出的请柬,所不同的是该文的邀请对象不是要作为客人参加会议或者聚会,而是要前往进行采访工作。这份请柬实际还起到了提供某种新闻信息的作用。语言上也是用语不多,却将所要告知的信息全部说出,简洁明快,不拖泥带水。

【拓展练习】

（一）简答题

1. 请柬的语言有哪些要求？
2. 请柬的要素有哪些？

（二）病文修改

请　柬

行星广告推广公司：

你好。我单位在成立10周年之际诚挚地邀请贵公司的董事们参加我单位的周年庆联欢晚会。

　　时间：2016年4月18日
　　地点：山水怡情度假村贵宾楼
　　欢迎各位董事偕夫人一同前往。

大德星光艺术集团
2016年4月17日

（三）案例分析

【案例一】

汪老板在同一天接到两份邀请参加宴会的请柬。两个宴会都定在一周后。最初，他回复了 A 公司，表示愿意出席，而委婉地拒绝了 B 公司的邀请。可是，几天后需要和 B 公司在一项生意上进行往来，于是就改变了原来的计划。他向 A 公司表示，由于身体不好，宴会就不来了。实际上，汪老板带着礼物去参加了 B 公司的宴会。

思考并回答：汪老板的做法对吗？如果你是汪老板，该怎么做？

【案例二】

某单位为销售额突破百万元举行庆功联谊会，给一些单位发了请柬，邀请大家参加，并准备了精美的礼品，用来感谢这些单位平时对本单位的支持与帮助。结果有些单位没有接受邀请，活动不太成功。单位主要领导很困惑，经和有关人士接触，方知所送请柬有问题：一是落款时间用阿拉伯数字书写，中间用顿号来代替年、月、日的汉字，给人以活动不正式、主人本身就不够重视的感觉；二是请柬中的事由没有表达清楚，使人误以为是该单位的内部活动，其他单位人员可有可无，当然就不肯应邀前来。

思考并回答：为何发出请柬来的人却不多？请柬的写作应注意什么？

（四）写作练习

假设你所在的单位为庆祝上半年销售额突破千万，决定在 2013 年 8 月 10 日上午 9：00 在长江大酒店宴会厅举行宴请活动。请你写一张请柬送给单位的供应商——×××集团公司总经理王明，请他届时参加。

第四节 申请书

【任务安排】

××大学的科研团队现在研究物流传输机上的智能手臂已经处于攻坚阶段，存在资金紧张问题，资金缺口 18 万元。请你以项目负责人的身份向××大学校委会提出追加经费的申请。

【思维引导】

★ 申请书应该怎么写，基本要点有哪些？

★ 申请书的格式是什么？

【必备知识】

（一）申请书的含义和特点

1. 申请书的含义

申请书是个人或集体向组织、机关、企事业单位或社会团体表述愿望、提出请求时使用的一种文书。申请书的使用范围广泛，无论是个人对组织表述志愿、理想和希望，还是下级在工作、生产、学习、生活等方面对上级有所请求时，都可以使用申请书。

2. 申请书的特点

（1）请求的特性。"申请"顾名思义是申述自己的理由、有所请求的意思。无论是个人在政治上入团、入党的申请书，还是个人、单位在其他方面的申请书，均是一种请求满足要求的公用文书。

（2）采用书信格式。申请书是一种专用书信，因此它也必须按照书信的格式来行文。内容会因要求不同而有所不同，但形式基本保持不变。

（3）上行性。申请书是个人向组织、下级向上级提出申请时所使用的文书，这是申请书的性质所决定的。所以申请书在语言的选择和使用上均需符合上行文的标准。

（二）申请书的写作模式

申请书一般由标题、称谓、正文和文尾四个部分组成。

1. 标题

可直接在第一行居中书写"申请书"三字作为标题，也可以在"申请书"三字前面添加申请内容，如《入党申请书》《入团申请书》等。

2. 称谓

在标题下一行顶格书写接受申请的单位或领导名称，一般只能写一个，而且要确指。

3. 正文

申请书的正文一般包括以下三项内容：

（1）申请事项。申请的具体内容。

（2）申请缘由。为什么申请。

（3）表明决心。表明申请的态度和决心。

这三项内容中，申请缘由部分是正文的重点，其内容要求既能充分说明申请原因、表达申请者的意愿，又要语言简练。

正文结束后，应在其下一行空两格书写"以上申请，请批准"等祈请语作为结语。

4. 文尾

在申请书右下方注明申请人的名称和成文日期。若是以单位名义进行申请，还应加盖单位公章。

（三）申请书的注意事项

1. 语气严肃、诚恳

因为申请书是向对方提出请求，所以语气要严肃认真，态度要诚恳。

2. 理由充分、翔实

要使接受申请书的对象充分了解申请者的意愿、心情和具体情况，从而得到批准。

【例文1】

大学入党申请书

敬爱的×××党支部：

我志愿加入中国共产党，愿意为共产主义事业奋斗终生。中国共产党是中国工人阶级的先锋队，是全国各族人民利益的忠实代表，是建设中国特色社会主义伟大事业的领导核心。她代表着中国先进生产力的发展要求，代表着中国先进文化的前进方向，代表着中国最广大人民的根本利益，始终坚持不懈地为实现国家和人民的根本利益而奋斗。

我出生在一个共产党员的家庭。爸爸、妈妈都是共产党员，从小他们的言传身教就给我留下了很深的印记，所以早在读中学的时候我就梦想有一天能够成为其中的一员，能够像雷锋、焦裕禄、孔繁森等英雄模范人物那样在平凡的岗位上做出青史留名、世人称颂的事迹来。中国共产党，不仅仅象征着崇高的荣誉，更重要的是能够为年轻人指明今后正确的道路方向，使他们在党的摇篮里健康快乐地成长。但我深深知道，要想真正成为一名合格的共产党员，不仅仅表现在思想语言上，更重要的是体现在实际行动中。于是在业余时间，我通过各种渠道去学习有关党的基本知识：从1921年7月中国共产党成立至今已有90周年。90年来，中国共产党领导全国各族人民，在马列主义、毛泽东思想的正确指引下，经过长期的反帝、反封建、反官僚资本主义的革命斗争，取得了新民主主义革命的胜利，建立了人民民主专政的中华人民共和国。新中国成立后，顺利进行社会主义改造，完成了从新民主主义到社会主义的过渡，确立了社会主义制度，大力发展社会主义经济、政治和文化；十一届三中全会以来，以邓小平同志为主要代表的中国共产党人，总结新中国成立以来正反两方面的经验，解放思想，实事求是，实现全党工作中心向经济建设转移，实行改革开放，开辟社会主义事业发展的新时期，逐步形成建设中国特色的社会主义的路线、方针、政策，阐明了在中国建设社会主义，巩固和发展社会主义的基本问题，创立邓小平理论。以江泽民同志为核心的第三代领导人，高举邓小平理论的伟大旗帜，全面贯彻"三个代表"的重要思想，继往开来，与时俱进，全面建设小康社会，加强推进社会主义现代化，为开创中国特色社会主义新局面而奋斗。以胡锦涛同志为核心的新一代领导人从中国和世界的历史、现状和未来着眼，准确把握时代特点和党的任务，深入践行科学发展观，正确制定并执行党的路线、方针、政策，认真研究和解决推动中国社会进步和加强党的建设问题，使党的事业不断从胜利走向胜利。

可能是因为耳濡目染了父母对党的执著追求，我从小就树立了一定要加入中国共产党的远大志向，并且一直持续到了今天，热情更是有增无减。自入学以来，我就积极向党组织靠拢，参加学校各级理论学习。通过不断学习，进一步加深了我对党的认识，也坚定了我的信仰，那就是我从最初的要当英雄的幼稚的感性认识，逐步上升到了为共产主义奋斗终生的理性认识阶段，可以说我唯一的入党动机就是要全心全意为人民服务。

在不断追求思想进步的同时，我时刻记得自己还是一名学生，学习是十分重要的。共产党员只有精通自身的业务，才能在群众中起到良好的模范带头作用。为此我努力学好各门功课，同时也积极参加班级和学校组织的各项活动。我还经常作自我批评，发现自己的不足之处，如理论学习过于死板，不能灵活运用；生活中有些情绪化，容易冲动等。今后我将用党员的标准严格要求自己，自觉地接受党员和群众的帮助与监督，努力克服自己的缺点，弥补不足，争取在思想和行动上同时入党！请党组织在实践中考验我！

此致

敬礼！

申请人：×××

××××年××月××日

【评析】

这是一份大学生入党申请书。正文开门见山地表达了他想入党的愿望，之后谈了自己对党的认识，以及自己的经历和入党决心，符合入党申请书的基本要求。例文从整体来讲写得真实得体，除主要运用叙述的方法外，夹有抒情和议论，使文章写得有声有色。

【例文2】

2016级新生国家助学贷款申请书

尊敬的银行和学校领导：

我是大学化工与能源学院××级硕士××班的学生×××，家住湖南省×××，地处偏远的西部山区，当地交通不便，经济极不发达。

××年8月，当我接到大学录取通知书时，真是喜忧参半：喜的是，终于可以进入梦寐以求的大学学习；忧的是，每年3 100元的学费从何而来？父母拿着我的录取通知书四处奔走，东借西凑，可是9月份我到大学报到时，仍然还欠600元学费没有交清，是伟大的母校以她宽容的胸膛接纳了我这个寒门学子。之后三年中，我获得学校一次性减免学费2 400元、湖南省政府奖学金××元及减免学费1 550元、校奖学金500元、考研奖金1 000元以及每年500元师范专业奖学金，并且通过自己平时做社会工作获取报酬，我不但圆满完成了大学本科阶段的学习，还考上了久负盛名的华南理工大学的硕士研究生。

可是如今，父母不再年轻，体弱多病，家境亦无好转，面对每年8 000元的学费以及广州高昂的生活开支，亲朋好友的帮助简直是杯水车薪！而我除了要完成学业和科研工作之外，还兼任了社会工作，业余打工的所得很是有限。但是，我依然坚定地选择了读研这条路，因为我知道，在求学成才面前，任何经济上的困难都是暂时的、都是可以战胜的。我不畏惧困难，更不讳言贫穷，所以我郑重地向学校、向一贯以来支持寒门学子成长成才的中国银行提出助学贷款申请。

我在大学本科学习期间积极上进，遵纪守法，无任何违法违纪行为，品学兼优，多次获得各类奖项，诚实守信，没有任何不良行为；担任过学生会主席等职务，对社会工作尽职尽责，并于××年光荣地加入了中国共产党。我希望在华南理工大学这个人才荟萃的大熔炉里，能够继续创造佳绩，获得助学贷款会使我在今后的学习和科研工作中投入更多的精力，早出成绩、早日成才，早日为国家和社会贡献自己的才智和力量。

离校后我一定按照协议规定按时偿还贷款，决不拖欠，因为我知道还有很多和我处境差不多的学子等着这笔贷款去交学费!请银行和学校领导相信我,我以我的人格作为担保!特此申请,望予批准!

　　此致
敬礼!

申请人:××
××年××月××日

【评析】

　　这是大学生申请助学贷款的申请书。例文开头先简明地介绍了自己的情况。接着具体说明就读大学所需要的款项。又进一步介绍自己的家庭情况以及自己在校生活时期的优秀表现。最后,表明自己申请助学贷款的愿望,一气呵成。不足之处在于没有写明需要贷款的金额。

【拓展练习】

(一)简答题

　1. 申请书有哪些特点?
　2. 申请书的要素有哪些?

(二)病文修改

奖学金申请书

亲爱的女士:

　　我被××大学告知,可以向贵机构申请经济援助。由于您只资助计算机专业的女性学生,我想告诉您,我从××大学计算机科学系毕业,正在申请到××××大学的计算机系继续攻读。我的主要兴趣在于通信,也就是当前工业界发展最快的一项技术。

　　因为我没有其他的经济来源以支持我到美国念书,您对我的资助将非常重要。如果您愿意提供帮助,我将感激不尽。

　　此致
最真诚的谢意!

申请人:×××
××××年××月××日

第五节　迎送词

【任务安排】

2016年10月20日，在解放军某部要召开老战士退伍的欢送会。请你以某部政治处的名义为领导草拟一份在老战士欢送会上发表的迎送词。

【思维引导】

★ 完成这份迎送词需要注意哪些事项？
★ 迎送词的基本要点有哪些？
★ 迎送词的写作格式是什么？

【必备知识】

（一）迎送词的含义、特点和类型

1. 迎送词的含义

迎送词是欢迎词和欢送词的统称。欢迎词是在迎接宾客的仪式和宴会上，对宾客光临表示热诚欢迎时所使用的一种礼仪文书；欢送词是在欢送宾客的仪式和宴会上，对宾客离去表示热烈欢送时所使用的礼仪文书。

2. 迎送词的特点

（1）充满情感。不论是欢迎词还是欢送词，都要在字里行间将主人迎接或欢送客人的情感表达出来。通常欢迎词要表达出欢愉之情，言语应真诚而富有激情，给客人一种宾至如归的感受。欢送词表达的是惜别之情，应使客人感受到主人的依依不舍之情。

（2）口语化。迎送词是当面向宾客口头表达的文书，所以要求迎送词在语体上要尽量口语化。若使用过多的书面语言，不但不能拉近主人与宾客间的距离，反而会使人感觉疏远。

3. 迎送词的类型

迎送词从社交公关性质上分，可分为以下两类：

（1）官方迎送词。指公共事务中使用的迎送文书，是事先准备好的得体文稿，其内容和措辞要求正式、严格。

（2）非官方迎送词。指在个人举行较大型的宴会、聚会、茶会、舞会或讨论会等非官方的场合下使用的文书，其内容往往是即时的、即兴的。

（二）迎送词的写作模式

迎送词一般由标题、称谓、正文和文尾组成。

1. 标题

迎送词的标题主要有以下几种写作方式：

（1）单独由文种名称"欢迎词"或"欢送词"构成。

（2）由迎送场合和文种构成。如《在毕业典礼上的欢送词》。

（3）由迎送对象和文种构成。如《对国外友人的欢迎词》。

2. 称谓

称谓应另起一行顶格书写。根据迎送对象的不同，称呼方式也有所不同。"同志们、朋友们""女士们、先生们"等，泛称在场所有人的称呼是最常见的；此外，有些场合会使用专称与泛称相结合的复称，如"专家们""代表们""同学们"等。

3. 正文

迎送词的正文由开头、主体和结语三部分组成。

（1）开头。开头应首先对来宾的光临表示热烈欢迎，或对其离开表示热情的欢送。

（2）主体。欢迎词可根据双方的关系，回顾双方的交往与友谊，赞颂宾客取得的成就，阐明此次宾客来访的意义，也可简要介绍一下对来访宾客的行程安排。欢送词可回顾来宾逗留期间的情况、双方交流的进展、对取得的成绩予以肯定等。

（3）结语。欢迎词的结语部分应再次对来宾表示欢迎和祝愿；欢送词的结语部分应对宾客提出期望和勉励，并表达出依依惜别之情。

4. 文尾

迎送词的文尾包括署名和日期。署名可放置在标题之下或正文末尾右下方；日期一般放置在正文末尾右下方。

（三）迎送词的注意事项

1. 讲究礼仪

欢迎词和欢送词都是出于礼仪的需要而写的，因此要格外注重用词的礼节、礼仪。称呼要使用恰当的尊称；文中应避免出现对方忌讳的内容，尊重对方的地方风俗习惯。

2. 坚持原则

在重大的公务活动中,欢迎者与被欢迎者、主与客都是代表自己的国家或单位致辞的。因此,在讲话中既要表示友好之情,又不能丧失自己的原则立场。尤其是针对重大问题表明立场与看法时,措辞一定要谨慎。

【例文1】

欢送词

尊敬的女士们、先生们:

首先,我代表××××,对你们访问的圆满成功表示热烈的祝贺。

两天来,我们本着平等互利的原则,经过认真协商,签订了《×××协议》,为双方今后的合作和发展打下了良好的基础。明天,你们就要离开×××了,在即将分别的时刻,我们的心情依依不舍。大家相处的时间是短暂的,但我们之间的友好情谊是长久的。我们之间的合作才刚刚开始,中国有句古语:"来日方长,后会有期。"希望我们加强合作,不断往来,欢迎各位女士、先生在方便的时候再次来×××做客,相信我们的友好合作会结出丰硕果实。

祝大家一路顺风!

【评析】

这篇欢送词,开篇表示祝贺之意。紧接着介绍来访取得的主要成果,说明分别时的不舍之情,表达良好祝愿。最后,再一次表达祝福心愿,引用古语恰到好处,既文雅、庄重,又传达出浓浓的情义。

【例文2】

导游迎送词

各位旅客朋友:

大家好!首先,我代表××××旅行社感谢大家对本旅行社的支持。我的名字叫刘××,大家可以叫我小刘,我们的司机是严师傅,所谓"严师出高途",严师傅的驾驶水平肯定能为我们带来高质量的旅途。当然,请记住我们的车牌号码是××12345。如果咱们大家在旅途过程中有什么要求和困难尽管提出来,我会尽我自己最大的努力帮助大家解决。另外,有什么地方我讲得不清楚,欢迎你们提出来,我将努力讲清楚,请不要客气。

现在,我提几个建议:首先,我们的车已经行驶在高速公路上了,朋友们在座位上坐好，就不要乱动了，以免车速过快发生危险。其次呢，大家都来得很早，还没有来得及吃早餐，那么希望大家把果皮果核装在方便袋子里，下车之后，司机师傅会为大家清理，这部车会陪伴大家9天的时间，希望大家保持一个良好的乘车环境。最后一点就是坐在靠窗位置的朋友们千万不要把头或手伸出窗外，以免造成安全问题。家长们请注意提醒小朋友。"如果说世界像本书，在您没有外出旅行，您可能只读了书中的一页，现在您在我们这里旅行，希望我们能共同读好中国的每一页。"

接下来的几天我将带领大家游览这部中国书的部分风光。相信我们将会度过一个轻松愉快的旅程！谢谢大家！

【评析】

这是一份导游欢迎词。首先，简明扼要地介绍了自己、司机和旅游用车情况。然后，提出乘车旅游的几点建议。开篇明了，布局合理，是一篇不错的导游欢迎词。

【例文3】

××在招待宴会上的致辞

尊敬的各位领导，各位嘉宾，各位朋友：

请允许我代表中共×××市委、××市人民政府及全市人民对你们的光临表示热烈的欢迎！对你们给予我市特殊的关怀和厚爱表示衷心的感谢，并致以崇高的敬意！

××市是西南地区交通重镇，是长江上游重要生态屏障，是全国重要的农产品生产、加工基地和著名的旅游胜地，××市发展一直备受上级的关怀和帮助。今天，××部的各位领导在百忙中挤出时间，专门听取了我市工作汇报，为我们指明了发展思路和前进方向，给予我们有力的政策倾斜和项目扶持，解决了我市改革发展中的重大问题，使我们倍增信心，备受鼓舞。我们决心以支持为动力，承关怀而奋进，将××市建设成为经济繁荣、人民富强、社会文明的有中国特色的社会主义示范基地，把一个发展的、开放的、文明的、优美的××市呈现在世人面前。

我提议：为××美好的明天，为各位领导、各位来宾、各位朋友的身体健康——干杯！

【评析】

这是一篇公务活动欢迎宴会上的欢迎词,热情、庄重、严谨为其突出的特点。欢迎词的开头一段,以热烈明快的语言把热烈欢迎之情完美地表达出来。接着第二段,概述了来访的重大意义。最后,提议共同举杯,在祝愿中把欢迎活动推向高潮。

【拓展练习】

(一)简答题

1. 迎送词有几种写作形式?
2. 迎送词的要素有哪些?

(二)病文修改

亲爱的××届毕业生:

在这充满深情留念和美好憧憬的日子里,你们,作为新一届大学毕业生和祖国现代化建设事业的接班人,即将结束流光溢彩的大学生活,走向社会,到改革开放的大潮中去接受洗礼,迎接新的挑战,并最终将自己锻炼成为全面建设小康社会、开创中国特色社会主义事业新局面的生力军。

在母校宁静温暖的怀抱里,你们曾留下奋进拼搏的足迹。为了翱翔蓝天,你们一遍又一遍地振翅高飞;为了驶入大海,你们一次又一次地抗击"风浪"。窗明几净的教室里出现过你们专心致志的身影,丰富多彩的文体活动中展示过你们充满青春活力的风采,夕阳晚照的林荫道上留下过你们探求知识、思索人生的足迹……

千里之行,始于足下。亲爱的同学们,愿你们志在千里,求真务实,忠于职守,勤奋工作,以优异的成绩报效祖国,以优异的成绩为母校争光。今天,母校师长欢送你们踏上学成报国的万里征程;明天,父老乡亲和老师同学将分享你们事业成功的无限快乐。

(三)根据材料作文

××高校的3 000余名大学生即将毕业。在6月28号的毕业联欢晚会上,学生处老师将代表全体教师在联欢晚会上发言。请你以这位老师的身份写一份欢送词。

第六章 传播类文书

【本章导读】

现代社会的竞争最终集中在信息资源的占有上。信息作为一种财富、一种资源，其传播的渠道随着社会的发展而发生着变化，然而，作为储存、交流信息基本手段的传播文书，无疑会受到现代社会各行各业的关注。可以说，当今社会是信息和知识经济占主导地位的时代，信息传播及传播文书正以其迅猛发展的势头彰显出它的重要性。本章将重点介绍消息、通讯、简报、海报等传播类文书的写作知识和技巧。

第一节 传播类文书概述

一、传播类文书的含义和用途

传播文书是适应社会发展需要而产生的一种新型应用文体，是指借助各种媒介，为扩大政府、单位、人物、商品或某一事件的影响而使用的一类文书。它的主要任务是针对社会和经济活动中的不同事实向公众和特定对象进行宣传、教育、鼓动、引导、解释、说明、介绍。

二、传播文书的特点

1. 公开性

传播文书的目的是使文书中的内容——相关的人、事、物、理等为公众所知，它体现了传播者的主观意愿。传播文书的公开性表现在通过负责任的对外宣传达到一定的社会目的，收到一定的社会效益。一般来说，传播文书公开的范围越广，了解的人越多，其影响也就越大。

2. 真实性

真实是传播文书的生命和基本的写作原则。如广告的内容一定要"真实、健康、清晰、明白"，才能取得消费者的信赖，才能激发消费者的购买欲望；商品说明书所反映的材料必须真实、可靠，对事物的介绍要实事求是，符合实际情况；消息等新闻写作必须反映事物的原貌，用事实说话。离开了事实，新闻就失去了根本。因此，只有那些内容真实、信息可靠的传播文书才能提供参考依据，发挥应有的功能。

3. 简明性

受到经济和其他因素的制约，传播文书的篇幅总是很有限，它讲究内容精练、简明通俗，目的是使受众很快地了解传播重点，获得主要的信息内容，并使他们的记忆方式由无意识转化为有意识，使传播文书发挥其宣传、教育、引导的作用。

4. 时效性

所谓时效性，是指迅速及时地报道、传播和反映。只有对经济活动中的新人、新事、新情况、新问题、新经验等予以及时的捕捉和把握，并迅速的予以反映，才能使传播文书的宣传、教育、引导等作用得以充分发挥。传播文书是十分强调短期效应的，应该在最短的时间内搜集资料、撰写文章、编印传递，最好能做到当天反映、当天了解、当天掌握。

5. 文学性

传播文书的语言灵活，不同于公务写作，它可以通过生动的情节和多样的表达方法来反映客观事实，使之更具有感染力，从而保持自身的新鲜、新颖、独特和感动的特质，显得更加具有亲和力，这样更能抓住读者的心。

三、传播文书的种类

传播文书的种类很多，按照内容可以划分为如下几类：

1. 事项类传播文书

事项类传播文书是各级机关、组织、团体、个人为了配合一段时期内的任务或工作而开展的专项宣传文书。这类文书借助各种媒体如电视、网络、广播、报纸或路旗路标、街头海报等形式，利用声光色等手段传达信息。这类文书可以包括简章、海报、声明、标语等。

2. 商品类传播文书

商品类传播文书是各类企业或个人为了树立品牌形象、促进产品销售和推广而使用的文书。这类文书可以包括广告和商品说明书。这里所说的广告指的是商业广告。商品说明书，也叫"产品说明书"或"使用说明书"。

3. 新闻类传播文书

新闻是对新近发生的、新近变动的、有一定社会意义的、重要的、能引起读者广泛兴趣的事实所给予的及时而又迅速的报道。广义的新闻包括消息、通讯、特写、新闻评论等，是报纸、广播、电视等媒体中常见的报道体裁。狭义的新闻专指消息。

四、传播文书的作用

1. 信息传递的作用

传播文书与其他类别的应用文体最根本的不同点在于它为公众提供信息传递服务。虽然随着时间的推进，信息传递的渠道有很多，但是传播文书依然是主要渠道之一。

2. 宣传引导的作用

传播文书是应用文书中的一种，所以宣传和正确的引导依然是它的功用之一。例如新闻，通过对工作进展、成绩不足、经验教训、先进思想和新生事物等的报道，宣传了党和国家的方针政策、路线纲领，对人们有极大地鼓舞和推动作用。

3. 咨询服务的作用

传播文书还可以在机关、企业、个人之间互通信息的有无，拓宽人们的视野，为人们的工作、生活和重要的决策提供参考和依据，成为启发人们行动的指南，使人们从容面对社会中的新情况。

五、传播文书的写作要求

1. 真实性原则

真实对传播文书的价值具有"一票否决权"，这就要求撰写者要从实际中找问题，反映客观实在。同时，在撰写的时候要保证言之有物，忌华而不实、空发议论、似是而非。

2. 生动性原则

传播文书虽然不能等同于文学作品，但它同样需要引起读者的注意，调动他们阅读的积极性，以此来感染他们，达到宣传的目的。这就要求传播文书要采用多种诸如比喻、排比等文学的表现手法来修饰语言，使文书更加传神生动。

【拓展练习】

1. 简要列举传播类文书主要包含哪些文种。
2. 简述传播类文书的特点。
3. 简述传播类文书的作用。

第二节　消息

【任务安排】

张民所在的公司举行了年终总结暨表彰大会,各职能部门主要负责人分别代表部门作了工作总结。公司的业绩较上年有显著提升,一批先进工作者和先进集体受到表彰,领导在会上作了重要讲话。为了扩大此次会议的影响,宣传会议的主要精神,公司领导安排张民写一篇新闻报道发布到公司主页上。

【思维引导】

★ 张民如何完成领导交办的工作?
★ 消息的写作要求有哪些?
★ 这则消息应如何布局谋篇?

【必备知识】

(一)消息的含义和用途

狭义的新闻就是指消息,是以最直接、最简洁的方式报道新近发生或发现的具有一定社会意义的事实的一种新闻文体,是最经常、最大量运用的新闻报道体裁,是报纸、广播、电视、网络新闻的主角。其他的新闻报道如通讯、新闻评论等一般是消息的发展和补充。学会消息写作便意味着掌握了打开新闻写作大门的钥匙。

(二)消息的特点

1. 快速

消息报道的是那些最近发生、发现或正在发生、发现的新问题、新情况、新动态、新思想和新经验等。报道得越快速及时,消息价值就越大,满足社会需求的程度就越高,就越会得到受众的欢迎。得不到及时报道的事件,便失去了新闻价值。某西方的新闻学者曾说:"今天的新闻是金子,昨天的新闻是银子,前天的新闻是垃圾。"

2. 真实

消息是对事实的报道,真实是新闻的生命。排除个别记者和通讯员主观上故意歪曲事实的报道之外,影响新闻真实的主要因素是记者对新闻事实的认识不准确和表达不准确。因此,要写好消息,首先要站在客观的立场上,全面掌握并分析事实材料，用准确的语言文字把客观事实表达出来。

3. 简明

为了迅速成稿，消息要求篇幅短、文字简，主要用概述方式将最主要、最精彩的内容反映出来，一般不宜超过1 000字。

（三）消息的种类

消息按其篇幅长短及内容，可分为以下几种类型：

1. 简讯

大致在200字以内的简明新闻，主要用来报道最重要的新闻事实，往往只取新闻事件发展过程中的一个侧面、一个片段或一个阶段，一般不提供背景资料，也不在新闻事件的时空上做较大延伸。

2. 动态消息

以报道单一事实为主的，能够显示某一事实的最新动态或发展趋势的一种消息类型。动态消息最能迅速及时地报道刚刚发生或正在发生的新情况、新变化。动态消息一般有五六百字，可以"一事一报"，也可"一事数次连报"。

3. 综合消息

以综合反映全局情况为主要内容的消息形式，是许多动态消息的总结和综合。它从不同角度或事物发展的不同阶段，去表现一个共同的主题，既有广度又有深度。

4. 述评消息

又称新闻述评或记者述评，它以一种记叙为主、议论为辅的方式分析形势，阐述重大事件，揭示问题本质。它介于新闻和评论之间，既报道新闻事实，又评论分析事件。

（四）消息的写作模式

消息一般由标题、消息头和署名、导语、主体、背景和结尾六个部分组成。

1. 标题

标题是消息内容的高度浓缩，是新闻价值的集中体现。消息的标题有单一型和复合型两种。

（1）单一型。单一型标题只有一个主标题，以叙事为主，是消息内容的高度概括，如《南京对网约车牌照及驾驶员户籍未作限制》。

（2）复合型。复合型标题由主标题和辅标题构成。辅标题，顾名思义，它主要用来辅助主标题,起到引导、补充、说明、解释主标题的作用。辅标题不能脱离主标题而独立存在,一般字号较主标题小。辅标题又包括引题和副题两部分,有两种形式:一是引题,在主标题之前,引题与主题多为因果关系,引题是因(说明背景、来源、起因、缘故等),主标题为果。所以,引题可以是叙事的,也可以是说理或抒情的,可虚可实,视主标题而定。而副题对主标题只是起补充和印证作用,一般多为实题,内容较具体,字数也比引题和主标题都要多。复合型标题通常有以下几种形式:

① 由引题和主标题构成,如:

外交部发言人在回答记者提问时表示(引题)

中方坚决反对达赖在国际上进行活动(主题)

② 由主标题和副题构成,如:

环保部:不得在公共场所大规模使用X射线人体安检设备(主题)

成都双流机场相关设备被要求立即拆除(副题)

③ 由引题、主标题和副题构成,如:

同是乡镇企业同是腈纶毛线起家(引题)

为何一家欢乐一家愁(主题)

平阳毛纺织厂:注重科技投入,新品迭出,效益翻番(副题)

玉环毛纺总厂:盲目扩大规模,产品单一,亏损百万(副题)

2. 消息头和署名

新闻媒体刊发的消息,其开头部分往往冠以"本报讯""本台消息"或"××社××地×月×日电"的字样,这就是"消息头"。消息头是消息的标志,正规的新闻报道应该用上消息头。消息署名大都置于电头之后、导语之前,以"(记者××)"的形式出现;也有的消息将署名置于正文之后右下角,如"新华社印度果阿10月15日电(记者霍小光 李建敏)国家主席习近平15日在印度果阿会见俄罗斯总统普京"。

3. 导语

导语,是消息结构中特有的概念,是消息区别于其他新闻体裁的又一重要特征。学习新闻写作,首先必须学会写导语。导语是指以简洁生动的语言,引出全篇精华和主题的具有可受性的开头句子或段落。

导语的特点是位置在前、突出重点(或特点)、句式简练、富有吸引力。消息不必都有导语,如简讯可以不设导语。较为常见的导语有以下四种:

(1)叙述型。这种类型的导语采用直接叙述的方法,以开门见山、一语中

的的陈述方式见长,是我国新闻报道中应用最普遍的导语形式,如:

7日,武昌杨先生带着2岁的女儿到市儿童医院看病,没想到看一个"咳嗽"就要花1 000多元。因此,他于昨日投诉到本报新闻110。(第13届中国新闻奖一等奖消息作品《看个"咳嗽"要掏1 065元》的导语)

(2)描写型。对消息中事实的情节、场面、细节等作生动、精简的描写,以此突出消息所报道的人物或事物的特点。在描写手法上可使用白描、特写或比喻等,如:

昨天,一场纷纷扬扬的春雨,泪水似地撒落在银河革命公墓公安坟场的烈士墓碑上,令近在咫尺的豪华墓园与黄土一堆的烈士坟形成了强烈的反差,扫墓者不禁为之心碎。(第8届中国新闻奖二等奖消息作品《寂寂烈士坟,纷纷春雨泪》的导语)

(3)设问型。在消息开头将消息的主要内容以提问的方式提出,然后再加以解答。这种导语既可以对新闻事实起到强调作用,同时又能引起读者的兴趣,如:

大学生就业难,企业又难以找到合适的人选,人才市场的供需错位如何对接?湖北经济学院和武汉中百集团共同探索出实用型人才培养的新模式——订单式教育。(摘自《光明日报》刊发的《"菜单"模式培养实用型人才》)

(4)议论型。在消息的开头对新闻事实发表评论,或写出相关结论,以引起读者对新闻的重视和关注,有利于揭示新闻主题以及事件的本质和意义,如:

记者在工会法执法检查中了解到,部分跨国公司在我国的企业无视我国法律,公开抵制组建工会。(第15届中国新闻奖二等奖消息作品《部分外企无视中国法律拒建工会》的导语)

4. 主体

主体是承接导语展开内容的关键部分。对于导语中所涉及的内容,主体部分进一步阐释和说明;对于导语没有提及的要素,主体要进行补充。消息主体的写作应紧扣时间、地点、人物、事件、原因、结果这六个要素(即五个W、一个H)。主体部分常见的结构形式有倒金字塔结构、金字塔结构、倒金字塔和金字塔结合式结构、自由式结构。其中倒金字塔式是消息写作常用的基本结构。

(1)"倒金字塔"结构。按新闻事实的价值来安排先后顺序,将最重要的内容放在最前面,比较重要的内容随后安排,不重要的内容放在最后。这种结构不但便于阅读,也便于编辑和写稿,是目前最常用的结构。

(2)"正金字塔"结构。按时间的先后顺序和情节展开的过程依序安排材料。其优点是脉络清晰,符合事物发展过程;缺点是不能一眼看到报道中最有价值的部分。

（3）"倒金字塔+金字塔"结构。先将最有价值的内容写入导语或稿件开头，再按照时间顺序陈述事件的发生过程。这种方法是"倒金字塔"结构与"金字塔"结构的结合，取二者的优点。

自由式结构。无论是中国还是外国，消息写作都在向自由的、活泼的方向发展。因为现实生活丰富多彩，新闻内容千变万化，这就必然要求消息结构的形式也应多姿多彩。如"现场短新闻"这一报道方式，用来写消息，就很受受众欢迎。它灵活自由、变化多端，突破了常规的消息格式，被新闻界称之为"视觉新闻""新闻素描""特写性新闻"。这说明消息写作正在向多样化方向发展。

5. 背景

背景即背景材料，包括历史背景、社会背景、人物背景等，是对新闻事实产生的历史、环境、条件、原因以及与周围事物联系的说明。通过揭示背景材料，可以深化新闻内容，帮助读者了解新闻的来龙去脉，增加消息的信息量以及广度和深度。背景可在主体前、主体中或主体后，也可在导语中，或在文中独立成段。总之，它的运用十分灵活，它不是独立层次，多融于主体中。当然，不是每条消息都要用背景材料，如简讯、一句话新闻等就勿需用背景，以免画蛇添足。众所周知的人和事，也不宜用背景材料。

常见的背景材料有以下几种：

（1）对比性材。

现在和过去、正面和反面、先进和落后等都可以构成鲜明的对比，在对比中可以看出差别，在差别中可以突出事物的特征。

（2）说明性材料。

介绍与所反映事物相关联的政治、经济、历史、地理、人际关系、生产条件等方面的情况，以使读者了解事件产生的原因、环境和条件。

（3）注释性材料。

对于一些大众不太了解的专业术语、技术问题或新生事物等，都应用通俗的语言适当加以注释，以帮助读者充分理解消息内容，增长知识。

6. 结尾

结尾的作用有两个：一是使消息的内容具有完整性和逻辑性；二是加深读者的感受，引人联想。消息常见的结尾方式有以下几种：

（1）概括式。将消息的内容作一概括的小结，使读者更加明确报道的目的，起到画龙点睛的作用。

（2）评论式。对消息内容作出合理的评论或评析，使读者了解所报事件的本质，增加读者的认识深度。

（3）展望式。写出消息所报道事件的发展趋势，以引起读者的关注。

（4）引语式。引用人物的语言作结尾，以揭示消息内容的中心或主旨。

结尾并不是消息写作的必有要素，有些消息不设结尾。

结尾写作应注意的问题：

结尾内容不要和主体、导语重复；不能套用公文、论文的结尾模式，使消息不伦不类。

要实在，忌空泛，切不要"字不够，尾来凑"。结尾以写实为主，摒弃诸如"学习榜样""受到好评""情景看好""调动了广大职工的积极性""在热烈的掌声中落下帷幕"等之类的空话、套话，代之以实在的新闻事实或背景材料。若无新鲜内容可补充，就自然收尾。

（五）消息写作的注意事项

（1）在没有全面了解和理解事件本身之前，不要动笔去写。

（2）把精彩的引语、实例或轶事放在消息的前头。

（3）运用具体名词和富于动作色彩的动词，尽量少用形容词，慎在动词上再加用副词。

（4）尽量避免自己作判断、议论和推理，让事实说话。

（5）写作要朴实、简洁、诚实、迅速。

总之，新闻写作要做到四个字：真、新、快、活。

【例文】

中国首次以国之名公祭南京大屠杀遇难者

新华社南京12月13日电　刺耳的防空警报13日上午响彻南京城上空。首次南京大屠杀死难者国家公祭仪式在此举行，中国最高领导人习近平胸佩白花出席仪式。

"我们为南京大屠杀死难者举行公祭仪式，是要唤起每一个善良的人们对和平的向往和坚守，而不是要延续仇恨。"中共中央总书记、国家主席、中央军委主席习近平说。

77年前此日，侵华日军攻陷国民政府首都南京，施以长达六周烧杀淫掠的暴行，至少30万平民罹难，制造了二战中的大惨案之一。

公祭以"中共中央、全国人大常委会、国务院、全国政协、中央军委"的共同名义举行,所在地点为南京大屠杀遇难同胞纪念馆,其下就是埋葬死难者尸骨的"万人坑"之一。

公祭开始,全场高唱国歌《义勇军进行曲》。随后,防空警报拉响,车辆轮船汽笛长鸣,人们低头默哀,抽泣声依稀可闻。一分钟后,《安魂曲》响起,礼兵将8个巨大花圈安放于"灾难墙"前。接着,77名青少年朗读《和平宣言》。

习近平和85岁的大屠杀幸存者夏淑琴,及遇难者遗属、13岁的阮泽宇一起,为"国家公祭鼎"揭幕。

鼎自古是中国祭祀重器。古铜色的"国家公祭鼎",鼎身和底座重2014公斤,底座重1213公斤,寓意2014年12月13日。

大屠杀中,阮泽宇的先人被日军刺死。夏淑琴一家9口有7人遇难:祖父、外祖母和父亲被日本兵用枪打死,母亲和两个姐姐被轮奸后刺死,一岁的小妹被摔死。

全国人大常委会今年2月通过立法,将每年12月13日确定为南京大屠杀死难者国家公祭日。

77年后的公祭,被此间舆论认为非常必要。近年,日本右翼为历史翻案动作频仍,试图推翻二战后国际秩序。

在明年中国人民抗日战争暨世界反法西斯战争胜利70周年来临之前,中国重申维护世界和平。同时,中国进入民族复兴关键阶段,爱国主义成为凝聚13亿人建设强大国家的动力。

习近平强调:"历史不会因时代变迁而改变,事实也不会因巧舌抵赖而消失。"

大屠杀遇难同胞纪念馆馆长朱成山说,以国家之名公祭,是为了让历史记忆"长久保持唤醒状态"。

大屠杀幸存者和遗属、国共两党抗战老兵、外国友人以及各界人士一万人参加公祭。

大屠杀中对中国百姓施以援手的外国人的后人以及《南京暴行:被遗忘的大屠杀》作者、已故华裔女作家张纯如的父母,也来到公祭现场。

一些日本人也在公祭日来到南京。"中国人对南京大屠杀死难者的公祭,应该成为和平信号传递的新起点。"日本真宗大谷愿寺研究员山内小夜子说。

(第二十五届中国新闻奖二等奖作品,原载于2014年12月13日中外中文专线,新华社记者集体创作)

【评析】

这是一篇关于南京大屠杀死难者国家公祭日的消息稿。稿件描写了当时的现场气氛和过程,叙述了纪念的内容,包括国家领导人的讲话、南京大屠杀的史实、死难者后人的回忆、有关方面的评述等,突出了公祭的和平主题,现实、历史与全球的时空交织而又穿插自然,布局宏大又不失细节的生动,通过准确的观察、凝练的表达、有效的取材、巧妙的背景,在短短的文字里,全面精准地传达了公祭的重要意义,具有很强的现实针对性。

【拓展练习】

1. 找出下面这则消息的五个 W 和一个 H,分析下面这篇消息的标题、消息头、导语、主体的写作方法。

屠呦呦获 2015 年诺贝尔生理学或医学奖

本报斯德哥尔摩 10 月 5 日电（记者刘仲华、商璐）　瑞典卡罗琳医学院 5 日宣布,将 2015 年诺贝尔生理学或医学奖授予中国药学家屠呦呦以及爱尔兰科学家威廉·坎贝尔和日本科学家大村智,表彰他们在寄生虫疾病治疗研究方面取得的成就。

屠呦呦的获奖理由是"有关疟疾新疗法的发现"。这是中国科学家因为在中国本土进行的科学研究而首次获诺贝尔科学奖,是中国医学界迄今为止获得的最高奖项,也是中医药成果获得的最高奖项。今年诺贝尔生理学或医学奖奖金共 800 万瑞典克朗（约合 92 万美元）,屠呦呦将获得奖金的一半,另外两名科学家将共享奖金的另一半。

屠呦呦是诺贝尔医学奖的第十二位女性得主。20 世纪六七十年代,在极为艰苦的科研条件下,屠呦呦团队与中国其他机构合作,经过艰苦卓绝的努力并从《肘后备急方》等中医药古典文献中获取灵感,先驱性地发现了青蒿素,开创了疟疾治疗新方法,全球数亿人因这种"中国神药"而受益。目前,以青蒿素为基础的复方药物已经成为疟疾的标准治疗药物,世界卫生组织将青蒿素和相关药剂列入其基本药品目录。

诺贝尔生理学或医学奖评委让·安德森在接受本报记者采访时说,得益于 3 位科学家的贡献,千百万人得到了对症治疗的药物,这一事件具有里程碑意义。他说:"屠呦呦是第一个证实青蒿素可以在动物体和人体内有效抵抗疟疾的科学家。她的研发对人类的生命健康贡献突出,为科研人员打开了一扇崭新的窗户。屠呦呦既有中医学知识,也了解药理学和化学,她将东西方医学相结合,达到了一加一大于二的效果,屠呦呦的发明是这种结合的完美体现。"

诺贝尔奖评选委员会说,由寄生虫引发的疾病困扰了人类几千年,构成重大的全球性健康问题。屠呦呦发现的青蒿素应用在治疗中,使疟疾患者的死亡率显著降低；坎贝尔和大村智发明了阿维菌素，从根本上降低了河盲症和淋巴丝虫病的发病率。今年的获奖者们均研究出了治疗"一些最具伤害性的寄生虫病的革命性疗法"，这两项获奖成果为每年数百万感染相关疾病的人们提供了"强有力的治疗新方式"，在改善人类健康和减少患者病痛方面的成果无法估量。

(载于《人民日报》，2015年10月6日1版)

2. 写一篇校园消息。

第三节 通讯

【任务安排】

经过层层推荐和评选，李念的部门领导凭借其脚踏实地的作风、敢为人先的勇气、出类拔萃的业绩被上级主管部门授予"时代先锋"荣誉称号。公司希望李念撰写一篇能够全面、生动地反映其领导工作作风、创新精神和工作业绩的宣传稿件，使公司的其他员工能够从稿件饱满的人物形象、具体的工作案例中获取正能量，产生积极进取、追求卓越的内在动力。

【思维引导】

★ 完成一篇既全面又深刻的人物通讯应该做好哪些准备？
★ 通讯与消息的写作有什么不同？

【必备知识】

(一) 通讯的含义

通讯是运用叙述、描写、抒情、议论等多种手法，具体、生动、形象地反映新闻事件或典型人物的一种新闻体裁，其内容相对于消息，更加详尽、细致。

(二) 通讯的特点

1. 内容详细

通讯从篇幅上看，要比消息长，内容也更为详尽、具体和完整。通讯并不像消息是一事一报，或只报道事件的某个片段，而是关注事件全程，或某个局部的全部情节。在对一些重大事件进行报道时，通常采用消息和通讯配发的方式，或者先发消息、通讯跟进的方式。

2. 表现手法丰富

通讯借用文学中的形象处理法，通常是叙述、描写、议论、抒情等表达方式的综合运用，相比于消息手法，更加自由灵活，变化也更多样。

3. 主题鲜明

消息是直接对事实的陈述，讲求客观地报道事实，对事实、人物往往不作评价，新闻的倾向性通常隐藏在事实后面。而通讯不仅要客观、真实、准确地报道事实，而且还必须从事实中提炼出鲜明、突出的主题思想。

（三）通讯的种类

通讯的类型多种多样，通常可从内容和表现形式两方面来分。

1. 按内容分

（1）人物通讯。以报道社会生活中的先进、典型人物或人群为主的通讯。着重描写人物的精神面貌，以及人物的成长、生活经历。

（2）事件通讯。报道那些突发的、影响较大且大众普遍关心的新闻事件的通讯。它的任务是充分而全面地陈述事实发生发展的起因、经过、结果，以及影响和意义。在具体报道中，根据特定的要求，既可以报道事件的全过程，也可以只突出报道事件的某个片段。

（3）工作通讯。报道社会各个领域工作中的新经验、新成果，探讨工作中存在问题的通讯。它通常为配合党和政府的方针政策、思想路线的宣传而发挥作用，具有较强的针对性和指导性，是引导舆论的重要方式。

（4）风貌通讯。描绘现实生活中的风土人情、精神风貌、社会现状、时代特色及新风尚、新人物等的通讯。它不仅起到沟通信息的作用，还能帮助受众开阔眼界、增长见识、把握时代的发展脉搏。

2. 按表现形式分

（1）记事通讯。所报道的新闻事实情节较为完整，材料翔实、具体，新闻性较强，是报纸媒体最常见的通讯形式。

（2）访问记。又称专访，是以记者的采访为线索，对新闻事件的人、事及问题等作专题采访的一种通讯。访问记多以问答或第一人称的形式来完成报道，现场感较强。

（3）侧记。从新闻事件的某个侧面来进行报道的通讯。侧记具有较强的灵活性，不去报道事件的全过程或全貌，只是抓住受众关心的某个"点"来展开陈述和议论。

（4）散记。散记是把所见所闻、所想所感记录下来，然后连缀成篇的一种通讯。散记长于描写，加之用散文化的笔调写成，轻松舒展，兴致盎然，对受众有较强的吸引力。

（5）纪行。以记者的活动行踪为主线，把所见所闻加以记录和描绘，期间也穿插抒情和议论。

（6）采访札记。又称记者来信，是记者以第一人称的写法，就采访中的人、事、问题等提出个人见解的通讯。

（7）评述。介于通讯和评论之间，利用通讯的写法陈述事实，情节较完整，形象性较强，在对事实的陈述过程中还伴有较充分的议论，提升主题思想，有一定针对性和指导性。

（8）集纳。将多个相关通讯的内容集纳在一个具有明确主题思想、并按一定形式发表的通讯。

（四）通讯的结构

通讯的结构多种多样，没有固定的格式，在写作中主要依据具体内容和主题要求来安排结构。但从宏观上看，通讯的结构形式可分为纵式、横式和纵横式三种。

1. 纵式结构

凡全篇的层次与层次之间呈现纵深发展态势的，都是纵式结构。具体来说，纵式结构又可分为两种基本形态。

（1）以时间为顺序的结构形式。这种结构形态可以简称为时间结构，其基本特点就是以时间为脉络，沿着时间的长链，把事件的发生发展区分为若干个不同的阶段，每个阶段形成一个层次，几个层次构成整篇内容。

（2）由浅入深的结构形式。这是一种"递进式"的纵式结构。特点是从浅层到深层，从现象到本质，或从感性到理性。层次与层次之间呈现逐层深入的态势。

2. 横式结构

层次与层次之间呈现相互并列关系的，就叫横式结构。它又可细分为空间并列式、人物并列式和侧面并列式三种类型。

（1）空间并列式。空间并列式的特点是把发生在不同地区或不同单位的具有相同性质的新闻事实组织在一起，形成一篇完整的通讯。每一次空间的变换，就形成一个新的层次。如新华社记者一篇报道"除夕之夜在一些平凡的工作岗位上，劳动者仍在兢兢业业工作"的通讯，写了五个部分，分别是：

在中央电视台：不笑的人们

在长途电话大楼：传递信息和问候

在红十字急救站：救护车紧急出动

在北线阁清洁管理站："城市美容师"的话

在妇产医院：新的生命诞生了

五个不同空间，五种不同行业，共同勾画出了普通劳动者忘我劳动、无私奉献的高尚境界。运用这种结构方式写作的通讯常被人称为"集纳通讯"。

（2）人物并列式。人物并列式是在集中报道几个同类型的人物时采用的结构方式。每个人物的事迹相对独立，形成一个层次。若干个人物的事迹共同合成为一篇完整的文章，揭示一个深刻的主题思想。

（3）侧面并列式。事物总是由不同的侧面组成的，通讯安排结构也可以按照不同的侧面相互并列地组织在一起。这样的结构在人物通讯和工作通讯中占有较大的比例，因为人物的思想境界是可以区分为不同侧面的，工作中的成就或问题通常也会被条分缕析地分为几个不同的方面。

例如《北京日报》发表的《岗位作奉献真情为他人——记北京市21路公共汽车售票员李素丽》，就采用了侧面并列式结构。作者精心选取了李素丽的几段话，然后围绕这几段话来安排层次。所引的几段话分别是：

"我为我的职业、我的岗位自豪，是它给了我每天都能向他人奉献真情的机会，让我每一天都感到充实。"

"用力去做只能达到称职，用心去做才能达到优秀。普通平凡的事情要往好里去做，是没有止境的。"

"车厢是一个流动的社会，售票员要在乘客之间穿针引线，调节情绪，营造一个美好的空间。"

"每一条公共汽车的线路都有终点站，但为人民服务没有终点站。我永远属于我的乘客，属于我的岗位。"

全文分成四个部分安排在这四段话之后，使这四段话成为全文内容的点睛之笔。这四个部分，属于李素丽精神境界的几个侧面。

3. 纵横式结构

在一篇通讯中既采用纵式结构，又采用横式结构，就形成了这种纵横结合式结构。使用这种结构形式可使通讯的写作手法更富变化，更灵活，更有利于安排体裁较大、内容复杂的报道内容。

（五）通讯的写作模式

一篇完整的通讯通常由标题、开头、主体和结尾四部分构成。

1. 标题

通讯的标题不同于消息的标题。消息的标题要求直接揭示新闻事实，写法比较固定；而通讯的标题跟一般记叙文的标题比较接近，它可以直接揭示新闻事实，也可以曲笔达意。

在写法上，通讯的标题可实可虚、可直可曲、可长可短、可庄可谐，没有定规，作者可以充分发挥自己的创造性。在形式上，通讯一般只有一个标题，也可以用破折号引出一个副标题来。副标题大多是实述的写法，主要是交代报道的对象和新闻的来源。

2．开头

通讯的开头不拘一格，自由度较大，有直起式和侧起式两大类型。直起式包括开门见山直述其事其人，直接抒发感情或者直接发表见解等。侧起式是利用铺垫的方法远远说起，娓娓道来，到适当的时候才进入正题，如先讲故事、传说，先引诗词、谚语、名人名言等，将其归纳后，可分为以下几种基本类型：

（1）开端进入情节。在一些事件通讯和人物通讯中，通常采用开端就叙述事件的写法。处于开端位置的可以是整个事件的开端、结局或某一精彩段落。这样写可以强化通讯的情节性，用生动的故事吸引读者。

（2）起笔刻画人物。在人物通讯中，常常一开始就展开对人物形象的刻画，先让笔下的人物给读者留下一个清晰的印象，有利于下文的展开。

（3）场景描写在先。人物、情节、环境，是记叙文的基本内容，通讯当然也可以从环境着手切入，然后铺展开事件和人物。在风貌通讯和工作通讯中，在开头之处先作一番场面描写或风光描写的写法很常见。

（4）先作抒情议论。开篇先作一番抒情或议论，给读者以情绪的感染或理性的启迪，为下文叙述的新闻事实定好一个基调。

（5）引经据典开篇。引用典故、诗词、谚语、名人名言来作开头的通讯，有较强的文化意味。

3．主体

通讯的主体是对报道对象全面、深刻、细致、完整的描述，可以根据报道需要采用纵式、横式或纵横交错式等结构形式。在表现方式上，可以综合运用叙述、说明、抒情、议论等多种表达方式。在语言运用上，要力求生动、形象。此外，不同类型的通讯在主体处的写作要求和侧重点也不相同。

（1）人物通讯。要善于通过主人公的语言、行动来表现人物个性，要注重反映人物的精神风貌和时代精神。

（2）事件通讯。要注意选材的典型性和代表性，叙事时要注意事件的完整性与形象性，要善于"大中取小，以小见大"。

（3）工作通讯。要求提出的问题具有现实性，切合当前工作需要，阐述问题和经验，力求具体透彻。

（4）风貌通讯。要善于观察，抓住特征，要着力描"新"写"变"，还可以适当穿插引用一些背景、典故等知识，以增加文章的趣味性。

4. 结尾

通讯的结尾可以随着情节的发展自然结束，也可以对全篇进行总结，揭示主题思想或将事件提升到一定高度，还可以有意将一些新闻事实留到最后再作补充交代，当事实似乎已经说尽的时候补上一笔，使文章"清音有余"。

（六）通讯写作的注意事项

1. 材料真实

无论是人物、事件，或是工作情况、社会风貌等，都必须是真实的，不允许虚构或合理想象，而且报道对象应该具有必需的思想性和典型意义。

2. 简洁明了

通讯的语言应尽可能做到简洁明了，但必须要准确规范，避免口语化，不能使用缩略语，杜绝出现语病。另外还要具有一定的文学色彩，可以运用描写、抒情、比喻、象征、拟人等修辞手法。

【例文】

车轮上的幸福

——福泉市陆坪镇福兴村吴成德家换车记

本报记者　陈毓钊

在我国的行政体系里，福兴村是一个小得不能再小的单位。改革开放以来，激情澎湃的大时代脉搏，始终牵动着这个地处西南的偏远小山村。

从自行车、摩托车到汽车，吴成德家的车轮丈量着时代变迁的年轮。

今年 50 岁的吴成德上有老下有小，一家四世同堂。他说："一辈子忙忙碌碌，辛苦但觉得充实，日子一天比一天好，就是幸福。"

自行车

1992 年，上海永久牌，价值 308 元。

在上世纪七十年代末、八十年代初的年轮刻度上，我国实施了"家庭联产承包责任制"。突破了集体主义"大锅饭"的束缚，农村经济的精灵被释放了：农民生产积极性高涨，家庭收入大幅增加，农村出现了生机勃勃的新景象。

1981年，吴成德家分到9亩多土地。从此，种烤烟和油菜成为吴家30多年操持不辍的家业。

1982年，吴成德初中毕业后，成为村小学的代课教师。"清早下地，十点上课，下午四点放学，回到地里忙活到天黑，晚上备课"成为吴成德的基本生活轨迹。

一晃10年，吴成德的工资从19.5元涨到110元。

1992年村委换届，吴成德当选为福兴村支书。

因为要经常到镇上开会，为方便开展工作，吴成德花308元钱买了一辆上海"永久牌"自行车。

到镇上7公里多山路，原来步行要走1小时40分钟，骑自行车40分钟就能到。吴成德说："那个时候在崎岖的乡村路上能骑上自行车，真的觉得很幸福。"

在镇里的支持下，吴成德带领村民们忙活开了，修路、架设电杆电线、兴修引水管……一年多的时间，他骑坏了两辆自行车。

很快，村里通了电，通了水，通了能走汽车的公路。

摩托车

1994年，本田125型，价值1 950元。

1992年，邓小平南方谈话，新一轮改革开放启动，发展的春风吹遍神州大地，欢欣鼓舞的人们传唱起脍炙人口的《春天的故事》。在地处西南的贵州山区，摩托车越来越多地出现在乡村公路上。

1994年，一次到镇上开会，吴成德弄丢了自行车。

骑惯了车，他嫌走路太麻烦，心里暗自琢磨着买辆摩托车，吃饭睡觉冷不丁就会冒出来一句："没车上街不方便。"

当时要买一辆摩托车可不容易。多方打听，终于托朋友在都匀寻到一辆二手日本产本田125型摩托车，价格都谈好了，最终因为吴成德不会骑而作罢。几经周折，1994年年底，吴成德终于如愿以偿，花1 950元买到了一辆梦寐以求的二手本田125型摩托车。

当时他感觉"洋气惨了"。

初次骑摩托车，吴成德就闯了祸。车冲进了竹林，手指粗的竹子压倒一大片。"我就想这东西咋这么凶，不敢骑了，第二天才找人骑回家。"那以后，吴成德用这辆"125"在家学了一年多。

后来，吴成德骑摩托车到镇上只要20分钟。

车越跑越快，日子越过越好。吴成德家的烤烟和油菜越种越好，收成好的时候每年能收油菜子500多公斤，养几头猪和牛。

之后的20年里，吴成德先后换了4辆摩托车。现在骑的一辆"钱江"牌，是2001年花5 800元买的。他说，时间一长和车也有感情了，舍不得换。

汽车

2012年，五菱宏光，价值80 000元。

2005年12月，十届全国人大常委会第十九次会议决定，自2006年1月1日起废止农业税条例。农村经济社会发展迎来又一个新的春天。

随着青壮年劳动力纷纷外出打工，福兴村大量土地闲置。2010年，当地政府鼓励流转土地实行农业产业化、规模化经营。吴成德一家看准时机，流转村里200亩土地种植烤烟，当年收成不错。接下来的两年，烤烟收购价格一路看涨，吴家的收入连年增加。

2012年，吴家添置了一辆"五菱红光"加长版9座面包车，价值将近80 000元；2013年，又花60 000元购买了一辆同品牌的7座面包车，吴成德的两个儿子一人开一辆。

党的十八届三中全会刚过，吴成德又开始谋划新的发展路子了。

"国家鼓励农村土地改革，三农政策越来越好，我们的机会也越来越多。现在全世界都在提倡戒烟、禁烟，种烤烟不是长久之计，我们得想办法寻找一个替代产业。"吴成德把眼光瞄准了葡萄和茶叶种植，"这些都是健康产业喔。我想带领大家把我们村的葡萄和茶叶种植搞上规模，发展农业观光，让大家都富起来。"

2013年冬天，吴成德发起成立"福泉市成德种植养殖专业合作社"，从外地购买了3 000多株葡萄苗。刚一开春，3 000株葡萄苗就全部种上了。

回忆几十年的奋斗时光，吴成德说时间过得太快，每天都忙忙碌碌地过，酸甜苦辣尝了个遍。他说，只要能吃苦，总觉得过得充实、幸福。吴成德乐呵呵地说："我50岁了，还想学个汽车驾照，到那时再换个好车亲自开。"

（本文获第二十五届中国新闻奖二等奖，原载于2014年6月26日《贵州日报》）

【评析】

一次下乡采访的途中，记者无意间听说吴成德家换车的故事，觉得这是一个很好的题材。几经周折，终于联系到吴成德。记者驱车跟随吴成德的摩托车一路山路颠簸感受山村面貌。在吴成德家，记者和他促膝长谈，聊车、聊路、聊产业、聊生活，深夜方回。返回市区已是翌日凌晨，连夜完成稿件。

记者以踏实的采访态度，深入基层，获取了真实生动、鲜活可信的新闻素材。文章带有浓浓的泥土气息，包含了深厚的社会关怀和人文气息，是接地气、有深度的好新闻。

小康不小康,关键看老乡。作品选取改革开放后的三个时间节点,通过吴成德一家三次换车的故事,讲述大时代背景下普通人的生活变迁,折射出人民生活水平的提高、交通条件的改善、产业的更新发展,反映了时代的大变迁,具有强烈的时代感。

【拓展练习】

1. 通讯的开头方式有哪些?尝试列举并分别找出一篇与之相匹配的例文。
2. 选取你身边的典型,写一篇人物通讯。

第四节　简报

【任务安排】

李斌毕业后进入一家建筑公司工作,该公司隶属于一家大型的建筑集团。集团定期编发各所属建筑公司的安全生产工作情况。据李斌了解,自己供职的建筑公司一方面高度重视职工安全意识的培养,定期开展安全教育;另一方面对各项工序制定了严格的操作规程,并执行得非常好;还有就是公司制定了安全生产奖惩制度,赏罚分明。因此,公司已经连续 3 年没有出现任何安全责任事故。李斌决定写一篇简报报送给集团,详细介绍一下所在公司在安全生产方面的成绩和经验,希望能得到集团的认可并编入集团的安全生产工作简报中。

【思维引导】

★ 李斌报送的简报和集团编发的简报有什么区别与联系?
★ 这篇上报的简报应该重点写哪些内容?

【必备知识】

(一)简报的含义和用途

简报是机关、团体、企事业单位内部,或是某项中心工作、某次重要会议中,用以沟通信息、交流经验、反映情况、指导工作的一种期刊式常用文书,也叫"动态""情况""信息""交流""参考"等。它能迅速及时地反映实际工作中出现的各种问题和情况,具有汇报性、交流性和指导性作用。

(二)简报的特点

1. 简

简,不仅是指字数少、篇幅短,主要还在于其追求用少量的文字概括出事实的精髓及意义，简短却不疏漏，使人在短时间内迅速及时地了解和掌握更多的情况。

2. 快

无论何种简报，都要讲究时效。编发快是简报的突出特征，它要求发现问题快、写作速度快、印制发送快，以便让有关方面及时迅速地了解情况、总结经验，以制定出相应的对策。只有快速地进行信息传播，才能及时解决新问题。

3. 新

新是简报写作的价值所在，也是简报的重要特征。简报的写作目的是为了让有关部门及时了解最新的动态、信息、经验、情况，以便把握全局、制定对策、指导工作。如果简报反映的都是人尽皆知、老生常谈的内容，那就失去了编发简报的意义和作用了。因此，简报只有反映新情况、新动向、新问题、新经验、新观点，才能引起读者的关注。

（三）简报的种类

从不同的角度，对简报有不同的分类。按其内容分，大致可分为以下三种类型：

1. 综合简报

综合简报是反映本部门、本系统各方面工作情况和问题的简报，也称情况简报或动态简报。它报道的内容主要是本部门、本系统管辖范围内发生的重大问题、事件及其处理结果。这种简报一般是定期或不定期地编发，用以指导、推动本部门、本系统的工作。

2. 专题简报

专题简报是将某项专门工作的动态、进展、经验、问题等向上级部门汇报，或向有关部门通报情况，或下发所属基层单位借以推动工作。这种简报报道的事件相对集中，都是围绕某一项专门工作或中心工作来编写。

3. 会议简报

会议简报是专门送报、交流有关重要会议内容，反映与会者意见和建议的简报。会议简报又分为综合简报和进程简报两种：前者是将整个会议编一期简报，在会议后期发送；后者是编发多期简报，一般重大的、时间较长的会议都编发进程简报，即在每个小阶段编发一次，有时天天编发，供与会者互通情报、交流经验。

（四）简报的格式

简报一般都包括报头、标题、正文和报尾四个部分。有些还由编者配加按语，成为五个组成部分。简报一般都有固定的报头，包括简报的名称、期号、编发单位和发行日期。如图所示：

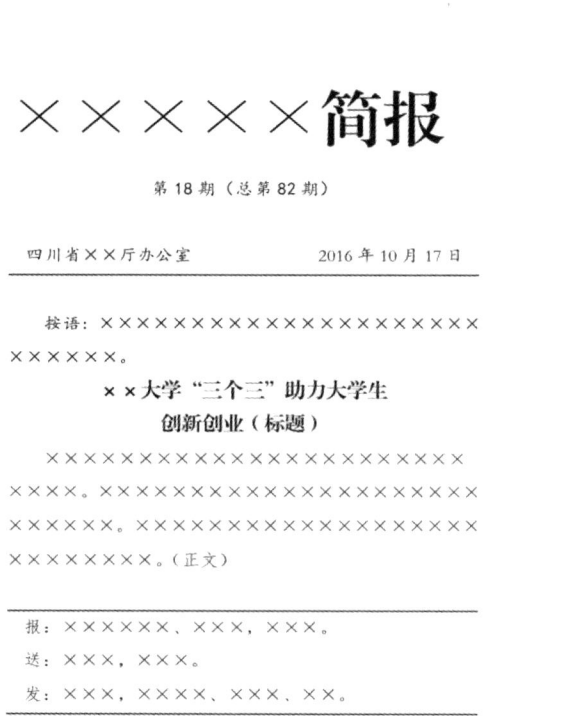

1. 报头

报头在简报首页上方，占三分之一篇幅。

（1）简报名称。在报头中间用醒目的大字标出简报名称，居中用套红的大号字印刷。简报名称多种多样，常用"××简报""××动态""情况反映"等四字名称。此外，简报名称还可以加上单位名称、专项工作等内容，如"公安局反扒工作简报""大学生资助工作简报"。

（2）期号。在简报名称下方正中用括号标注第×期（也可不加括号）。综合工作简报一般按年度统编顺排期号；专题简报按本专题统编顺排；增刊直接标明"增刊"。也有总期号与年度期号同时标注的。

（3）编印单位。在间隔线上方左侧空一字，标明制发简报的单位名称。

（4）印发日期。在间隔线上方右侧空一字，标明印发时间。

（5）保密提示及编号。有保密要求的简报标明密级，必要时添加份数编号。

2. 报核

（1）按语。有的简报在正文之前会加按语，按语的主要内容是工作任务来源、本期重点稿件的意义和价值、征稿通知、征求意见等。按语格式上通常写为"按""按语""编者按""编者的话"等，也有的是在正文前加一小段文字。按语不另起行，一段成文，一般在字体、字号上与正文有明显区别。

（2）标题。简报的标题应揭示主题、简短醒目。一期简报可刊登一份或数份材料，每份材料都必须有自己的标题。集束式简报可编排目录，目录中不需添加序码和页码，为避免混淆，可在每项前添加一个五角星标志。

（3）报文。报文是简报的核心内容，由导语、主体和结语构成。

（4）导语。以简明扼要的话语概括全文的主旨和主要内容，使读者对文章有一个总的了解。

（5）主体。利用充足、典型、有说服力的材料，将导语中的内容具体化。

（6）结语。结语部分或指明事情发展趋势，或提出希望以及今后打算，也有些简报不设结语。

（7）供稿者。部分报文会将稿件的供稿者或转载的出处，在正文之后右下方用括号注明。

（8）报尾。在简报末页下三分之一处用分割线与文稿部分分开，分割线下与之平行的另一横线间标明本期简报的"报""送""发"单位名称，右下侧注明本期印数。

（五）简报报文的写作

简报的写作模式多种多样，没有固定统一的模式，但大部分由标题和正文构成。

1. 标题

简报的标题类似于新闻的标题，可分为单标题和双标题两种基本类型。

（1）单标题。将报道的核心事实或其主要意义概括为一句话作为标题，如"高校产业规划建设培训工作全面展开"。

（2）双标题。双标题有两种情况：

① 主副标题：主标题揭示报文意义，副标题概括报文内容，如：

适应市场求发展，与时俱进写新篇
——××大学通过购买服务加强后勤和安保工作

② 引题加正题：引题指出背景或原因，正题概括主要报道内容，如：

行动迅速部署周密实施有力
我县创建国家 5A 级景区工作成效显著

2．正文

（1）导语。导语即简报的开头，可以说写好导语就等于写好了简报的一半。简报的导语要求用简短的文字，准确地概括报文内容，说明报道的宗旨，引导读者阅读全文，使读者看完导语即可了解全文梗概。

（2）主体。主体要利用充足、典型、有说服力的材料，将导语提出的核心内容加以充实，使其具体化。主体的内容或反映具体情况，或介绍具体做法，或叙述取得的成绩和经验，或指出存在的问题，或是以上这些兼而有之，要视具体情况而定。

（3）结语。简报要求篇幅短小精悍，结语更要精炼，凡导语和主体中已经说清的，可不必再写结语。

（六）简报写作的注意事项

1．真实

真实是简报的生命，简报所写之事必须是客观存在的，所用材料必须是真实可靠的，对于简报内容中涉及的时间、地点、人物、事件（起因、经过、结果）以及有关的数据、引言都要反复核实，确保准确无误。

2．简明

简明是简报的基本特征，简报要求用最简练的语言对报道的内容做简明扼要的表述，使读者用最少的时间掌握问题的关键。从形式上看，简报的文字以不超过 1000 字为好，应从结构的逻辑性上下工夫，做到条理清晰、布局严谨。

3．及时

简报的制发要求迅速及时，特别是会议简报、重大决策反馈的简报、社会动态和突发性事件的简报尤其如此，否则便发挥不了简报的职能作用。

【拓展练习】

1．请谈谈简报和消息的异同。
2．简述简报主要有哪些类型，它们内容的侧重点是什么？
3．试编写一篇自己班级的工作简报。

第五节　海报

【任务安排】

某高校近期将举办一场国际学术报告会，会议云集了国内外知名专家学者若干人，他们将就"全球经济及金融体系中的中国"发表系列真知卓见。希望该校相关专业、学科的教师、学生以及有关爱好者积极踊跃参加。

请你根据以上信息，给该校撰写一份文书，为该校会议的成功召开做好宣传。

【思维引导】

★ 你在校园里或社会上见到过此类宣传文书吗？

★ 为了实现宣传目的，你认为除了上述信息还应告诉读者什么内容？

【必备知识】

（一）海报的含义和用途

海报是党政机关、企事业单位、团体、组织向社会或某个范围内的人们宣传、介绍有关电影、戏剧、赛事、学术报告、展出、商场特卖等信息的一种招贴形式，多数情况下需要一定的美术设计。

海报这一名称，最早起源于上海。旧时，上海人通常把职业性的戏剧演出称为"海"，而把从事职业性戏剧的表演称为"下海"。作为发布剧目演出信息的具有宣传性张贴物，具有招徕顾客的功效，也许是因为这个关系的缘故，人们便称其为"海报"。"海报"一词演变到现在，它的范围已不仅仅是职业性戏剧演出的专用张贴物了。

海报是广告的一种，时常被张贴在街道、影剧院、展览会、车站、码头、公园、闹市区、商场等公共场所。

（二）海报的特点

1. 宣传性

海报希望社会各界的参与，它是广告的一种。海报可以在媒体上刊登、播放，但海报大部分是张贴在人们易于见到的地方，其广告性色彩极其浓厚。

2. 商业性

海报是为某项活动作的前期广告和宣传，其目的是让人们参与其中，演出类海报占各类海报中的大部分，而演出类广告又往往着眼于商业性目的。当然，学术报告类的海报一般是不具有商业性的。

3. 艺术性

大部分海报需要加入一定的美术设计元素，以生动活泼的画面吸引人们的注意力，从而招徕更多的人参与其中。

(三) 海报的种类

一般来讲，海报从形式上看，分为以文字为主的海报和文字加美术设计的海报两种；从内容上看，可以分为下列几类：

1. 电影海报

这是影剧院宣传演出电影，吸引观众的一种海报。这类海报一般要写清楚电影的名称、精彩内容，放映的时间、地点，电影导演和主要演员姓名等。为了引起观众注意，电影海报还会配上简单的宣传画，将电影中的主要人物画面形象地绘出来，以扩大宣传的力度，如图6.1所示。

图 6.1

2. 文艺晚会、杂技、体育比赛、展览海报

这类海报的目的是吸引观众现场观赏活动内容，请求参与性较强。海报的设计往往要新颖别致，引人入胜。内容主要包括：活动的时间、地点、参与方法、注意事项、主办单位等。有些时候，也可以交代一下活动的目的、意义，如图6.2所示。

图 6.2

3. 学术报告海报

这是一种为一些学术性的活动而发布的海报,一般张贴在学校或相关的单位。学术类海报具有较强的针对性。内容主要包括:学术报告的题目、报告人、时间、地点、参与对象、参与方法、注意事项、主办单位等。如图 6.3 所示。

图 6.3

（四）海报的写作

在结构上，海报一般由标题、正文和落款三部分组成。

1. 标题

海报的标题写法较多，大体可以有以下一些形式：

其一，单独由文种名构成。这是一种比较传统的标题形式，即在第一行中间写上"海报"字样。

其二，直接由海报的中心内容承担题目。如以学术报告会的议题为题目，以电影、戏剧、赛事、晚会的名称为题目等。如：世界局势与中国角色、阿凡达、中国VS美国足球赛、迎新生庆国庆文艺晚会。

其三，可以是一些描述性的文字。如"×××再显风采、×××旧事重提"。

2. 正文

海报的正文主要写以下内容：

（1）活动的主要项目、时间、地点、参加对象等；

（2）活动的目的和意义；

（3）参加的具体方法及一些必要的注意事项等。

正文的结尾可以用一些鼓动性、祈请性词语作结。带有美术设计的海报，要图文并茂，美观实用，增强宣传效果。

3. 落款

要求署上主办单位的名称及海报的发文日期。

以上的格式是就海报的整体而讲的，在实际的使用中，有些内容可以少写或省略。

（五）海报写作的注意事项

第一，海报一定要具体真实地写明活动的地点、时间及主要内容。文中可以用些鼓动性的词语，但不可夸大事实。

第二，海报文字要求简洁明了，篇幅要短小精悍，形式要做到新颖美观。

第三，海报的版式可以做些艺术性的处理，以吸引观众。

【拓展练习】

1. 试分析下面这篇海报的构成要素及主要内容。

国际学术报告会
——全球经济及金融体系中的中国

搭建国内最高平台，汇聚中文著名学者，纵论全球经济金融大势，指点中国改革发展迷津。

全国政协副主席、全国工商联主席黄孟复

中国人民大学校长纪宝成

诺贝尔经济学奖获得者、美国哥伦比亚大学罗伯特·蒙代尔

国务院发展研究中心研究员、全国政协常委吴敬琏

北京大学教授、全国政协常委厉以宁

美国哥伦比亚大学帕德玛·德赛

诺贝尔经济学奖获得者、美国斯坦福大学米切尔·斯宾思

博鳌亚洲论坛秘书长龙永图

将与您面对面

时间：××××年××月××日

地点：××××大学世纪馆

主办单位：××××大学

承办单位：××××大学国际经济与金融研究中心

××××年××月××日

2. 请结合校园学习生活的实际，拟写一份海报。

第六节　倡议书

【任务安排】

旅游是一项发现美、欣赏美、享受美的活动，更是一项创造美的活动。市民在旅游活动中的一言一行，不仅体现了个人的文明水平，更是一个城市文明程度的主要体现和重要标志。海口市是中国优秀旅游城市，但市民在旅游活动中随地吐痰，乱扔废弃物，公共场所吸烟；破坏文物古迹，在文物古迹上乱涂乱刻等不文明行为时有发生。拒绝"到此一游"，倡导文明旅游，是建设转型城市的道德支撑。为此，请你拟一份倡议书，向全市旅游行业和全体市民发出文明旅游的倡议。

【思维引导】

★ 完成这份倡议书应注意什么问题?
★ 应该怎么写才能让市民及游客积极响应?
★ 倡议书的写作格式是什么?

【必备知识】

(一)倡议书的含义及用途

倡议书是为了更好地完成某项任务,个人或集体提出某些合理化建议或创造性措施,向广大群众或有关单位公开发出倡议,希望大家响应所使用的一种专用书信。

倡议书可以登报,也可以张贴在外,或者用其他传媒形式公布,以引起公众的响应,变成其自觉行动。

倡议书的作用主要有以下两点:

(1)倡议书具有广泛的群众性。它可以在较大范围内调动群众的积极性,使大家齐心协力,共同做好一些有益于社会的事务和开展某些公益活动。

(2)倡议书是开展精神文明建设的一个有效方法。倡议书的内容一般是与人们的日常生活相关的一些事项,如提议爱护花草树木,保护生态环境;倡议众志成城,同心协力等。所有这些都有利于人们的身心健康,属于社会主义精神文明的重要内容。

倡议书是一种建议、倡导,它不应给人一种强制的感觉,而是在轻松倡导中宣传真、善、美,使人们在无形之中就能受到深刻的教育。

(二)倡议书的特点

1. 群众性

倡议书不是对某个人、某一集体或某一单位而言的,它往往面向广大群众,或对一个部门的所有人发出,或对一个地区的所有人发出,甚至向全国发出。广泛的群众性是倡议书的根本特征。

2. 对象的不确定性

倡议书是要求广大群众积极响应的,然而其对象范围往往是不定的。它即便是在文中明确了自己的具体对象,但实际上有关人员可以表示响应,也可以不表示响应,它本身不具有很强的约束力。而与此无关的别的群众团体却可以有所响应。

3. 公开性

倡议书就是一种广而告之的书信。它就是要让广大的人民群众知道、了解，从而激起更多的人响应，以期在最大的范围内引起共鸣。

4. 行文风格的鼓动性

倡议的目的是让更多的人响应，所以在讲清楚活动的目的、依据、意义及预期的效果的同时，要增强言辞的感召力，唤起公众参与的热情。

（三）倡议书的分类

从作者角度划分，倡议书可分为个人倡议书和集体倡议书两种。从传播方式的角度划分，倡议书可分为传单式、张贴式、广播式和登载式等。

（四）倡议书的写作格式

倡议书一般由标题、称呼、正文、结尾、落款五部分组成。

1. 标题

倡议书标题一般由文种名单独组成，即在第一行正中用较大的字体写"倡议书"三个字。另外，标题还可以由倡议内容和文种名共同组成，如《给电子游戏迷的一封倡议书》《保护野生动物的倡议书》《关于环境保护的倡议书》等。

2. 称呼

倡议书的称呼可根据倡议的对象而选用适当的称呼，如"广大的青少年朋友们""亲爱的同学们"等。有的倡议书也可不用称呼，而在正文中指出。称呼在第二行开头顶格写，并加冒号。

3. 正文

正文内容一般包括以下两方面内容：

（1）倡议书的背景、原因和目的。倡议书的发出贵在引起广泛的响应，只有交代清楚倡议活动的原因以及当时的各种背景事实，并申明发布倡议的目的，人们才会理解和信服，才会自觉行动。这些因素交代不清就会使人觉得莫名其妙，难以响应。

（2）倡议的具体内容和要求。这是正文的重点部分。倡议的内容一定要具体化，开展什么样的活动、要做哪些事情、具体要求是什么等均需一一写明。倡议的具体内容一般是分条开列的，这样写往往清晰明确，使人一目了然。

4. 结尾

结尾要用一些富有鼓动性的语言表示倡议者的决心和希望或者写出某种建

议，如："我们很年轻，困难是暂时的，我相信经过战胜这些困难后，我们会变得更加强大和获得内心的充实……我倡议，让我们积极就业和自主创业吧！"

倡议书一般不在结尾写表示敬意或祝愿的话。

5. 落款

落款即在右下方写明发倡议的单位、集体或个人的名称，在署名下面另起一行右下方署上发倡议的日期。

（五）写作倡议书应该注意的问题

第一，倡议书的内容要有新的时尚和精神，要切实可行，不违背国家的方针政策。

第二，倡议书的背景目的要写清楚，理由要充分。

第三，倡议书的措辞要得当，情感要真挚，同时要富于引导性。

第四，倡议书的篇幅不宜过长。

【例文1】

保护野生动物的倡议书

全县人民：

野生动物是人类的朋友，是自然生态系统的重要组成部分，是大自然赋予人类的宝贵资源。我国是一个野生动物资源丰富的国家，但是，这些年来许多种野生动物濒临灭绝，为了保护野生动物，创造人与动物和谐相处的美好家园，我倡议：

1. 关爱野生动物，保护森林。
2. 做一名保护野生动物的积极宣传者。
3. 提倡不捕食野生动物。
4. 劝说、阻止伤害野生动物的人和事。

朋友们，让我们大家行动起来，从我做起，从现在做起，共同保护野生动物。

倡议人：××县动物保护协会

2016 年 5 月 24 日

【评析】

　　这是一则有关保护野生动物的个人倡议书，标题由倡议事由和文种名共同组成，倡议目的明确清晰。在对我国野生动物生存困境背景介绍的基础上，直奔保护野生动物的主题，针对性强。倡议的具体内容及要求分条列款，既切实可行又清晰明确，一目了然。结尾部分用鼓动性言语提出希望，增强感染力，唤起民众参与的热情。

【例文 2】

2016 年世界读书日活动倡议书

　　每年的 4 月 23 日是世界读书日，这一天，世界的一百多个国家和地区会举办各种各样的庆祝活动以及对图书的宣传活动，本文为大家分享世界读书日活动倡议书，让我们一起来看看吧。

　　在这温暖的四月，一个散发着别样气息的节日——4 月 23 日"世界读书日"已来临。

　　如果您是一位热爱读书的人，那么书就是放眼世界的一扇窗，是通往心灵的一条路径，是闪耀知识的一道光，是折射人生的一面镜，是挥散阴霾的一柄剑，是握住幸福的一双手……

　　一个不重视阅读的家庭，是一个平庸的家庭；一个不重视阅读的学校，是一个沉闷枯燥的学校；一个不重视阅读的社会，是一个人文精神缺失的社会；一个不重视阅读的民族，是一个没有希望、没有文化底蕴的民族。回望巍巍中华五千年，有多少文人政客对书籍情有独钟，对读书有热烈的情怀。中国人历来就有"读万卷书，行万里路"的传统，在信息海量及竞争激烈的今天，读书、求知、思辨是每一个人都应该具备的基本素养。读书不仅成为一个人修养的标准之一，也成为人们完善自我、塑造自我、提升自我、凝聚智慧的重要途径之一。一个人如果从小就能养成良好的阅读习惯，一生都会受用无穷。一个民族具有热爱阅读的追求与渴望，这个民族就会充满智慧和希望。因此我们更要通过读书来获取知识，增长本领，提升品味，把中华民族五千年特有的传统文化和更新更多元的因素融合在一起，使之更趋完善，更富魅力！

　　亲爱的朋友，在今年的"世界读书日"来临之际，老约翰绘本馆向全市人民发出倡议：在这一天，请走进图书馆或老约翰绘本馆湖州站，办一本借书证，激发阅读的兴趣；在这一天，请走进书店，买一本好书，从此开始阅读的习惯；

在这一天,登录一个读书网站,开启另一种阅读的方式;在这一天,邀三五同好,品茗论书;在这一天,让一个声音时刻提醒自己:"今天,你读书了吗?"

全世界读书人共同的节日——"世界读书日"期待您的参与!

老约翰绘本馆
2016 年 4 月 23 日

【评析】

这是一则倡议"在世界读书日"来临之前号召大家读书的倡议书。标题有倡议事由及文种名共同组成。由于读书是每一个个体应有的良好习惯,所以此倡议书没有称呼,而是面对广大群众,具有广泛性。在倡议事由的陈述中,用优美的语言阐发了缺失阅读活动的家庭、学校、社会、民族的不良后果,以及阅读对个体成长、民族强大的重要性。结尾发起阅读号召,倡议者也在此处出现,殷殷的期盼之情令人深思。此文以散文化的方式写倡议书,别具一格,情感真挚,值得借鉴。

【拓展练习】

(一)简答题

1. 倡议书的特点是什么?
2. 写作倡议书应注意的问题有哪些?

(二)病文修改

鸟是人类的好朋友。在我国辽阔的土地上,有一支庞大的义务灭虫队伍,这就是常年守卫在森林、果园和田野之中的食虫鸟类。它们为捕捉各种害虫而奔波,是一些称职的"天兵天将",为保护庄稼和森林作出了很大的贡献。

目前,春回大地,正是百鸟做窝的季节。喜鹊、燕子和山雀等许多鸟都要在树上或屋檐下做窝、下蛋、孵小鸟。我们向全县小朋友发出以下倡议:

1. 不掏鸟窝,不摸鸟蛋,不捕捉益鸟。
2. 多栽树,多种草,为鸟类创造生活繁殖的良好环境。
3. 向人们宣传保护益鸟的重要意义。
4. 认真观察和研究鸟类的生活习性,学习保护益鸟的知识。

少年朋友们！让我们立即行动起来，保护益鸟，为四化建设出力！

　　此致

敬礼

××县××中学
初三年级全体同学

（三）根据材料作文

　　校园里同学们乱扔纸屑、说脏话、损坏花草树木、着装怪异、染发等不文明现象时有发生，请你以珊瑚中学学生会的名义向全校同学发出倡议，共建文明校园。

附录1 公文常用特定用语简表

类别	用语名称	作用	常用特定用语
1	开端用语	主要用于文章开头，表示发语、引据	为、为了、为着、查、接、顷接、根据、据、遵照、依照、按照、按、鉴于、关于、兹、兹定于、今、随着、由于。
2	称谓用语	用于表示人称或对单位的称谓	**第一人称**：我、我单位、本人、本公司、我们、敝单位。 **第二人称**：你、你局、贵公司、贵方。 **第三人称**：他、该公司、该项目。
3	递送用语	用于表示文、物递送方向	**上行**：报、呈。 **平行**：送。 **下行**：发、颁发、颁布、发布、印发、下达。
4	引叙用语	用于复文引据	悉、接、顷接、据、收悉。
5	拟办用语	用于审批、拟办	**拟办**：责成、交办、试办、办理、执行。 **审批**：同意、照办、批准、可行、原则同意、原则批准、可办、不可等。
6	经办用语	用于表明进程	经、业经、已经、兹经。
7	过渡用语	用于承上启下	鉴于、为此、对此、为使、对于、关于、如下。
8	期请用语	用于表示期望请求	**上行**：请、恳请、拟请、特请、报请。 **平行**：请、拟请、特请、务请、承蒙、即请、切盼。 **下行**：希、望、尚望、切望、请、希予、勿误。

续表

类别	用语名称	作用	常用特定用语
9	结尾用语	用于结尾表示收束	上行：当否，请批示；可否，请指示；如无不当，请批转，如无不妥，请批准；特此报告；以上报告，请批转；以上报告，请审核。 平行：此致敬礼；为盼；为荷；特此函达；特此证明；尚望函复。 下行：为要；为宜；为妥；希遵照执行；特此通知；此复；为……而努力；……现予公布。
10	谦敬用语	用于表示谦敬	承蒙惠允、不胜感激、鼎力相助、蒙、承蒙。
11	批转用语	用于上级对下级来文的批转处理	批转、转发。
12	征询用语	用于征请、询问对有关事项的意见、态度	当否、妥否、可否、是否妥当、是否同意、如无不当、如无不妥、如果可行等。

附录2 党政机关公文处理工作条例

(中办发〔2012〕14号)
(2012年4月16日由中共中央办公厅和国务院办公厅联合印发)

第一章 总则

第一条 为了适应中国共产党机关和国家行政机关(以下简称党政机关)工作需要,推进党政机关公文处理工作科学化、制度化、规范化,制定本条例。

第二条 本条例适用于各级党政机关公文处理工作。

第三条 党政机关公文是党政机关实施领导、履行职能、处理公务的具有特定效力和规范体式的文书,是传达贯彻党和国家的方针政策,公布法规和规章,指导、布置和商洽工作,请示和答复问题,报告和交流情况等重要工具。

第四条 公文处理工作是指公文拟制、办理、管理等一系列相互关联、衔接有序的工作。

第五条 公文处理工作应当坚持实事求是、准确规范、精简高效、安全保密的原则。

第六条 各级党政机关应当高度重视公文处理工作,加强组织领导,强化队伍建设,设立文秘部门或者由专人负责公文处理工作。

第七条 各级党政机关办公厅(室)主管本机关的公文处理工作,对下级机关的公文处理工作进行业务指导和督促检查。

第二章 公文种类

第八条 公文种类主要有:

(一)决议。适用于会议讨论通过的重大决策事项。

(二)决定。适用于对重要事项作出决策和部署、奖惩有关单位和人员、变更或者撤销下级机关不适当的决定事项。

(三)命令(令)。适用于公布行政法规和规章、宣布施行重大强制性措施、批准授予和晋升衔级、嘉奖有关单位和人员。

(四)公报。适用于公布重要决定或者重大事项。

（五）公告。适用于向国内外宣布重要事项或者法定事项。

（六）通告。适用于在一定范围内公布应当遵守或者周知的事项。

（七）意见。适用于对重要问题提出见解和处理办法。

（八）通知。适用于发布、传达要求下级机关执行和有关单位周知或者执行的事项，批转、转发公文。

（九）通报。适用于表彰先进、批评错误、传达重要精神和告知重要情况。

（十）报告。适用于向上级机关汇报工作，反映情况，回复上级机关的询问。

（十一）请示。适用于向上级机关请求指示、批准事项。

（十二）批复。适用于答复下级机关请示事项。

（十三）议案。适用于各级人民政府按照法律程序向同级人民代表大会或者人民代表大会常务委员会提请审议事项。

（十四）函。适用于不相隶属机关之间商洽工作、询问和答复问题、请求批准和答复审批事项。

（十五）纪要。适用于记载会议主要情况和议定事项。

第三章　公文格式

第九条　公文一般由份号、密级和保密期限、紧急程度、发文机关标志、发文字号、签发人、标题、主送机关、正文、附件说明、发文机关署名、成文日期、印章、附注、附件、抄送机关、印发机关和印发日期、页码等组成。

（一）份号。公文印制份数的顺序号。涉密公文应当标注份号。

（二）密级和保密期限。公文的秘密等级和保密的期限。涉密公文应当根据涉密程度分别标注"绝密""机密""秘密"和保密期限。

（三）紧急程度。公文送达和办理的时限要求。根据紧急程度，紧急公文应当分别标注"特急""加急"，电报应当分别标注"特提""特急""加急""平急"。

（四）发文机关标志。由发文机关全称或者规范化简称加"文件"二字组成，也可以使用发文机关全称或者规范化简称。联合行文时，发文机关标志可以并用联合发文机关名称，也可以单独用主办机关名称。

（五）发文字号。由发文机关代字、年份、发文顺序号组成。联合行文时，使用主办机关的发文字号。

（六）签发人。上行文应当标注签发人姓名。

（七）标题。由发文机关名称、事由和文种组成。

（八）主送机关。公文的主要受理机关，应当使用机关全称、规范化简称或者同类型机关统称。

（九）正文。公文的主体，用来表述公文的内容。

（十）附件说明。公文附件的顺序号和名称。

（十一）发文机关署名。署发文机关全称或者规范化简称。

（十二）成文日期。署会议通过或者发文机关负责人签发的日期。联合行文时，署最后签发机关负责人签发的日期。

（十三）印章。公文中有发文机关署名的，应当加盖发文机关印章，并与署名机关相符。有特定发文机关标志的普发性公文和电报可以不加盖印章。

（十四）附注。公文印发传达范围等需要说明的事项。

（十五）附件。公文正文的说明、补充或者参考资料。

（十六）抄送机关。除主送机关外需要执行或者知晓公文内容的其他机关，应当使用机关全称、规范化简称或者同类型机关统称。

（十七）印发机关和印发日期。公文的送印机关和送印日期。

（十八）页码。公文页数顺序号。

第十条　公文的版式按照《党政机关公文格式》国家标准执行。

第十一条　公文使用的汉字、数字、外文字符、计量单位和标点符号，按照有关国家标准和规定执行。民族自治地方的公文，可以并用汉字和当地通用的少数民族文字。

第十二条　公文用纸幅面采用国际标准 A4 型。特殊形式的公文用纸幅面，根据实际需要确定。

第四章　行文规则

第十三条　行文应当确有必要，讲求实效，注重针对性和可操作性。

第十四条　行文关系根据隶属关系和职权范围确定。一般不得越级行文，特殊情况需要越级行文的，应当同时抄送被越过的机关。

第十五条　向上级机关行文，应当遵循以下规则：

（一）原则上主送一个上级机关，根据需要同时抄送其他相关上级机关和同级机关，不抄送下级机关。

（二）党委、政府的部门向上级主管部门请示、报告重大事项，应当经本级党委、政府同意或者授权，属于部门职权范围内的事项应直接报送上级主管部门。

（三）下级机关的请示事项，如需以本机关名义向上级机关请示，应当提出倾向性意见后上报。不得原文转报上级机关。

（四）请示应当一文一事，不得在报告等非请示性公文中夹带请示事项。

（五）除上级机关负责人直接交办事项外，不得以本机关名义向上级机关负责人报送公文，也不得以本机关负责人名义向上级机关报送公文。

（六）受双重领导的机关向一个上级机关行文，必要时应当抄送另一个上级机关。

（七）不符合行文规则的上报公文，上级机关的文秘部门可退回下级呈报机关。

第十六条　向下级机关行文，应当遵循以下规则：

（一）主送受理机关，根据需要抄送相关机关。重要行文应当同时抄送发文机关的直接上级机关。

（二）党委、政府的办公厅（室）根据本级党委、政府授权，可以向下级党委、政府行文，其他部门和单位不得向下级党委、政府发布指令性公文或者在公文中向下级党委、政府提出指令性要求。需经政府审批的具体事项，经政府同意可由政府职能部门行文，文中需注明已经政府同意。

（三）党委、政府的部门在各自职权范围内可以向下级党委、政府的相关部门行文。

（四）涉及多个部门职权范围内的事务，部门之间未协商一致的，不得向下行文；擅自行文的，上级机关应当责令其纠正或者撤销。

（五）上级机关向受双重领导的下级机关行文，必要时抄送该下级机关的另一个上级机关。

第十七条　同级党政机关、党政机关与其他同级机关必要时可以联合行文。属于党委、政府各自职权范围内的工作，不得联合行文。党委、政府的部门依据职权可以相互行文。部门内设机构除办公厅（室）外不得对外正式行文。

第五章　公文拟制

第十八条　公文拟制包括公文的起草、审核、签发等程序。

第十九条　公文起草应当做到：

（一）符合国家的法律法规和党的路线方针政策，完整准确体现发文机关意图，并同现行有关公文相衔接。

（二）一切从实际出发，分析问题实事求是，所提政策措施和办法切实可行。

（三）内容简洁，主题突出，观点鲜明，结构严谨，表述准确，文字精练。

（四）文种正确，格式规范。

（五）公文涉及其他部门职权范围事项的，起草单位必须征求相关部门意见，力求达成一致。

（六）深入调查研究，充分进行论证，广泛听取意见。

（七）机关负责人应当主持、指导重要公文起草工作。

第二十条　公文文稿签发前，应当由发文机关办公厅（室）进行审核。审核的重点是：

（一）行文理由是否充分，行文依据是否准确。

（二）内容是否符合国家法律法规和党的路线方针政策；是否完整准确体现发文机关意图；是否同现行有关公文相衔接；所提政策措施和办法是否切实可行。

（三）涉及有关地区或者部门职权范围的事项是否经过充分协商并达成一致意见。

（四）文种是否正确，格式是否规范；人名、地名、时间、数字、段落顺序、引文等是否准确；文字、数字、计量单位和标点符号等用法是否符合规定。

（五）其他内容是否符合公文起草的有关要求。

需要发文机关审议的重要公文文稿，审议前由发文机关办公厅（室）进行初核。

第二十一条　经审核不宜发文的公文文稿，应当退回起草单位并说明理由；符合发文条件但内容需作进一步研究和修改的，由起草单位修改后重新报送。

第二十二条　公文应当经本机关负责人审批签发。重要公文和上行文由机关主要负责人签发。党委、政府的办公厅（室）根据党委、政府授权制发的公文，由受权机关主要负责人签发或者按照有关规定签发。签发人签发公文，应当签署意见、姓名和完整日期；圈阅或者签名的，视为同意。联合行文由所有联署机关的负责人会签。

第六章　公文办理

第二十三条　公文办理包括收文办理、发文办理和整理归档。

第二十四条　收文办理主要程序是：

（一）签收。对收到的公文应当逐件清点，核对无误后签字或者盖章，并注明签收时间。

（二）登记。对公文的主要信息和办理情况应当详细记载。

（三）初审。对收到的公文应当进行初审。初审的重点是：是否应当由本机关办理，是否符合行文规则，文种、格式是否符合要求，涉及其他地区或者部门职权范围的事项是否已经协商、会签；是否符合公文起草的其他要求。经初审不符合规定的公文，应当及时退回来文单位并说明理由。

（四）承办。阅知性公文应当根据公文内容、要求和工作需要确定范围后分送。批办性公文应当提出拟办意见报本机关负责人批示或者转有关部门办理；需要两个以上部门办理的，应当明确主办部门。紧急公文应当明确办理时限。承办部门对交办的公文应当及时办理，有明确办理时限要求的应当在规定时限内办理完毕。

（五）传阅。根据领导批示和工作需要将公文及时送传阅对象阅知或者批示。办理公文传阅应当随时掌握公文去向，不得漏传、误传、延误。

（六）催办。及时了解掌握公文的办理进展情况，督促承办部门按期办结。紧急公文或者重要公文应当由专人负责催办。

（七）答复。公文的办理结果应当及时答复来文单位，并根据需要告知相关单位。

第二十五条　发文办理主要程序是：

（一）复核。已经发文机关负责人签批的公文，印发前应当对公文的审批手续、内容、文种、格式等进行复核；需作实质性修改的，应当报原签批人复审。

（二）登记。对复核后的公文，应当确定发文字号、分送范围和印制份数并详细记载。

（三）印制。公文印制必须确保质量和时效。涉密公文应当在符合保密要求的场所印制。

（四）核发。公文印制完毕，应当对公文的文字、格式和印刷质量进行检查后分发。

第二十六条　涉密公文应当通过机要交通、邮政机要通信、城市机要文件交换站或者收发件机关机要收发人员进行传递，通过密码电报或者符合国家保密规定的计算机信息系统进行传输。

第二十七条　需要归档的公文及有关材料，应当根据有关档案法律法规及机关档案管理规定，及时收集齐全、整理归档。两个以上机关联合办理的公文，原件由主办机关归档，相关机关保存复制件。机关负责人兼任其他机关职务的，在履行所兼职务过程中形成的公文，由其兼职机关归档。

第七章　公文管理

第二十八条　各级党政机关应当建立健全本机关公文管理制度，确保管理严格规范，充分发挥公文效用。

第二十九条　党政机关公文由文秘部门或者专人统一管理。设立党委（党组）的县级以上单位应建立机要保密室和机要阅文室，并按有关保密规定配备工作人员和必要的安全保密设施。

第三十条 公文确定密级前，应当按照拟定的密级先行采取保密措施。确定密级后，应当按照所定密级严格管理。绝密级公文应当由专人管理。公文的密级需要变更或者解除的，由原确定密级的机关或者其上级机关决定。

第三十一条 公文的印发传达范围应当按照发文机关的要求执行；需要变更的，应当经发文机关批准。涉密公文公开发布前应当履行解密程序。公开发布的时间、形式和渠道，由发文机关确定。经批准公开发布的公文，同发文机关正式制发的公文具有同等效力。

第三十二条 复制、汇编机密级、秘密级公文，应当符合有关规定并经本机关负责人批准。绝密级公文一般不得复制、汇编，确有工作需要的，应当经发文机关或者其上级机关批准。复制、汇编的公文视同原件管理。

复制件应当加盖复制机关戳记。翻印件应当注明翻印的机关名称、日期。汇编本的密级按照编入公文的最高密级标注。

第三十三条 公文的撤销和废止，由发文机关、上级机关或者权力机关根据职权范围和有关法律法规决定。公文被撤销的，视为自始无效；公文被废止的，视为自废止之日起失效。

第三十四条 涉密公文应当按照发文机关的要求和有关规定进行清退或者销毁。

第三十五条 不具备归档和保存价值的公文，经批准后可以销毁。销毁涉密公文必须严格按照有关规定履行审批登记手续，确保不丢失、不漏销。个人不得私自销毁、留存涉密公文。

第三十六条 机关合并时，全部公文应当随之合并管理；机关撤销时，需要归档的公文整理后按照有关规定移交档案管理部门。

工作人员调离岗位时，所在机关应当督促其将暂存、借用的公文按照有关规定移交、清退。

第三十七条 新设立的机关应当向党委、政府的办公厅（室）提出发文立户申请。经审查符合条件的，列为发文单位，机关合并或者撤销时，相应进行调整。

第八章　附则

第三十八条 党政机关公文含电子公文。电子公文处理工作的具体办法另行制定。

第三十九条 法规、规章方面的公文，依照有关规定处理。外事方面的公文，依照外事主管部门的有关规定处理。

第四十条　其他机关和单位的公文处理工作，可以参照本条例执行。

第四十一条　本条例由中共中央办公厅、国务院办公厅负责解释。

第四十二条　本条例自 2012 年 7 月 1 日起施行。1996 年 5 月 3 日中共中央办公厅印发的《中国共产党机关公文处理条例》和 2000 年 8 月 24 日国务院发布的《国家行政机关公文处理办法》停止执行。

参考文献

[1] 杨文丰. 高职应用写作[M]. 2版. 北京：高等教育出版社，2010.

[2] 杨怡，赵修翠，韩剑南. 应用文写作导学教程[M]. 成都：电子科技大学出版社，2012.

[3] 唐志伟，杨怡，赵修翠. 应用文写作导学教程[M]. 北京：中国时代经济出版社，2013.

[4] 刘涛，唐志伟. 应用写作[M]. 北京：高等教育出版社，2010.

[5] 张文英. 新编应用文写作教程[M]. 天津：南开大学出版社，2010.

[6] 李前平. 应用文模块写作[M]. 北京：北京交通大学出版社，2010.

[7] 张建. 应用写作[M]. 2版. 北京：高等教育出版社，2010.

[8] 王雪菊. 应用文写作训练教程[M]. 北京：高等教育出版社，2010.

[9] 韦志国. 实践技能训练——应用写作[M]. 北京：北京交通大学出版社，2010.